MARCUS LUTTER
Der Aktionär in der Martwirtschaft

SCHRIFTENREIHE
DER JURISTISCHEN GESELLSCHAFT e. V.
BERLIN

Heft 46

W
DE
G

1973

DE GRUYTER · BERLIN · NEW YORK

Der Aktionär
in der Marktwirtschaft

Von
Dr. Marcus Lutter
ord. Professor an der Ruhr-Universität Bochum

W DE G

1973

DE GRUYTER · BERLIN · NEW YORK

Vortrag
am 8. November 1972 in leicht gekürzter Fassung
vor der Juristischen Gesellschaft e. V. in Berlin gehalten.
Die Vortragsform wurde beibehalten.

ISBN 3 11 004276 2

Dem Andenken meines Vaters
Dr. Michael Lutter
gewidmet

Inhaltsübersicht

Der Aktionär in der Marktwirtschaft

I
Einleitung

1. Kaum eine Gestalt der Wirtschaftsordnung kann die Emotionen stärker beschäftigen als der Aktionär. In seinem Bilde verdichten sich gerne alle Vorbehalte und alle Vorurteile gegenüber Kapitalismus und Marktwirtschaft. In ihm kulminieren die Geschichten von der Bildung großer Vermögen ebenso wie vom Zusammenbruch bedeutender Wirtschaftsimperien; und an ihm bleiben dank des spekulativen Charakters der Börse ein Hauch von Unsolidität und die Hoffnung auf arbeitslosen Gewinn. Kaum einer wird aber auch mehr betroffen von heute vieldiskutierten Plänen um Mitbestimmung[1] und Vermögensbildung[2], als eben dieser Aktionär. Und keine Gestalt stand in der ersten Hälfte des letzten Jahrzehnts mit Volksaktien[3] und neuem Aktiengesetz stärker im Blickpunkt wirtschaftspolitischer Maßnahmen als der kleine und mittlere Aktionär: Er war es, der mit seinen Interessen an Information, Mitentscheidungsbefugnis und Schutz vor dem Einfluß von Großaktionären im Zentrum der Aktienrechtsreform von 1965 stand[4].

---

[1] Einen Überblick über die kaum mehr überschaubare Fülle an Vorschlägen, Thesen und Stellungnahmen zur Mitbestimmung geben *Biener*, Unternehmensverfassung, Eine Darstellung der Modelle, RdA 1971, S. 174 ff., und *Schwerdtfeger*, Mitbestimmung in privaten Unternehmen, Reihe „Aktuelle Dokumente", Berlin und New York 1973. Vgl. weiter *Biedenkopf*, Mitbestimmung, Köln 1972, sowie *Schwerdtfeger*, Unternehmerische Mitbestimmung und Grundgesetz, 1972.

[2] Vgl. dazu die Übersicht über die vielfältigen Vorschläge aus Politik und Wissenschaft von *Pulte*, Vermögensbildung — Vermögensverteilung, Reihe „Aktuelle Dokumente", Berlin und New York 1973.

[3] Zur Schaffung von „Volksaktien" bei der Privatisierung der Volkswagenwerk AG und der Preussag, vgl. *Wiethölter*, Interessen und Organisation der Aktiengesellschaft im amerikanischen und deutschen Recht, Karlsruhe 1961, S. 332 ff.

[4] Vgl. die allgemeine Begründung zum Regierungsentwurf des Aktiengesetzes von 1965, abgedruckt bei Kropff, Aktiengesetz 1965, S. 14 ff. sub. III.

8

Dennoch wird gerade dieser kleine und mittlere Aktionär rundum skeptisch betrachtet; über seine Stellung und seine Aufgaben glaubt man beliebig disponieren zu können. Und wenn eine Steuererhöhung ins Haus steht (Ergänzungsabgabe, Stabilitätsabgabe), dann werden „seine" Erträge, die Gewinne „seiner" Gesellschaft, bestimmt zuerst miterfaßt, obwohl sehr viele unserer großen Aktiengesellschaften reine Publikumsgesellschaften sind[5] oder doch solche mit dem Staat — nicht einer oder wenigen Privatpersonen — als Großaktionär[6]. Diese Gesellschaften haben viele Tausende oder gar Hunderttausende von kleinen und mittleren Aktionären und Zehntausende von Arbeitnehmeraktionären.

Die offenbar geringe Einschätzung der wirtschaftspolitischen Bedeutungen und des ordnungspolitischen Gewichts dieser Gestalt muß überraschen. Denn bislang existiert bei uns kein anderes System, das Teilhabe an den industriellen Produktionsmitteln einerseits, Freiheit der Anlage und rasche Verfügbarkeit andererseits in solchem Maße auch nur annähernd gewährleistet. Daher scheint es wieder einmal an der Zeit, die Intentionen des Gesetzes und des Gesetzgebers von 1965 an der Wirklichkeit des Aktionärs zu messen und nachzuprüfen, wie sich einerseits das Bild des Aktionärs im Gesetz selbst darstellt, wie dort seine Stellung und seine Befugnisse entwickelt sind und, andererseits, was davon in der Praxis der Aktienunternehmungen Wirklichkeit geworden ist. Von dieser Analyse ausgehend werde ich Sie bitten, mit mir noch einmal über die Aufgaben des Aktionärs in unserer Wirtschaftsordnung und in der einzelnen Aktienunternehmung nachzudenken. Das erscheint um so mehr geboten, als diese Aufgaben des Aktionärs bestimmt sein könnten von unserem Verständnis und unserem Ziel von Wirtschaft in der Bundesrepublik. Diese Überlegungen werden dann in Vorstellungen münden, die zum Teil im geltenden Recht durch funktionale Auslegung und sachgerechte Anwendung zu verwirklichen sind,

[5] Unter den 50 nach ihrem Umsatz größten deutschen Unternehmen befinden sich 34 Aktiengesellschaften, von denen wiederum 13 keine Aktionäre mit einer Beteiligung über 5 % haben. Vgl. die Übersicht in: Blick durch die Wirtschaft (FAZ) vom 27. 12. 1972, S. 3.

[6] Gedacht ist in erster Linie an die Volkswagenwerk AG (Bundesrepublik 16 %, Land Niedersachsen 20 %, Stiftung Volkswagenwerk 4 %), die VEBA (Bundesrepublik 40 %) und das RWE (Öffentliche Hand mehr als 50 % der Stimmrechte).

zum kleineren Teil der Hilfe des Gesetzgebers bedürfen. Dabei kommt uns vielleicht die Tatsache zugute, daß gewisse Veränderungen, auch des deutschen Aktienrechts, bei der zur Zeit mit viel Energie geförderten Rechtsangleichung in der Europäischen Wirtschaftsgemeinschaft sowieso zur Debatte stehen[7].

2. Bevor jedoch von den Aufgaben und Rechten des Aktionärs im einzelnen gesprochen werden kann, ist zu klären, *von welchem Aktionär* hier eigentlich zu handeln ist: Vom Großaktionär Quandt bei BMW[8], von der Familie Flick bei Daimler-Benz[9], von der Bayerischen Hypotheken- und Wechselbank bei der Dortmunder Union, von Bund und Land Niedersachsen bei VW? Oder soll hier die Rede sein vom Kleinaktionär, der einen Teil seiner Ersparnisse in Aktien bedeutender Wirtschaftsunternehmen anlegt? Denn zwischen diesen beiden Erscheinungsformen von Aktionären bestehen so große Unterschiede im Ziel und in den Verhaltensweisen, daß man ohne Klärung dieser Frage unweigerlich aneinander vorbei redet.

---

[7] Grundlage dieser Rechtsangleichung ist Art. 54 Abs. 3 lit. g) des EWG-Vertrages. Neben der am 9. März 1968 verabschiedeten und mit dem Gesetz vom 15. August 1969 (BGBl. I, S. 1146) in das deutsche Unternehmensrecht überführten 1. Richtlinie liegen dem Ministerrat der Europäischen Gemeinschaften zur Verabschiedung weiter die folgenden Richtlinien-*Entwürfe* vor: 1. *Zweite Richtlinie* (sog. Kapitalrichtlinie) vom 9. März 1970, ABl. C 48 vom 24. 4. 73 = BT-Drucksache VI/595; 2. *Dritte Richtlinie* (sog. Fusionsrichtlinie) vom 10. 6. 1970, ABl. C 89 vom 14. 7. 1970 = BT-Drucksache VI/1027; 3. *Vierte Richtlinie* (Rechnungslegung) vom November 1971, ABl. C 7 vom 28. 1. 1972 = BT-Drucksache VI/2875; 4. *Fünfte Richtlinie* (sog. Strukturrichtlinie) vom 27. 9. 1972, ABl. C 131 vom 13. 12. 1972 = BT-Drucksache VII/363. — Vgl. dazu *Pipkorn*, Zur Entwicklung des europäischen Gesellschafts- und Unternehmensrechts ZHR 136 (1972), S. 499 ff., *Busse v. Colbe*, Vereinheitlichung des Jahresabschlusses in der EWG, ZGR 1973, S. 105 ff., *Niessen*, Zum Vorschlag einer „europäischen" Regelung der Mitbestimmung für „nationale" Aktiengesellschaften, ZGR 1973, S. 218 ff., *derselbe*, Gründung und Kapital von Aktiengesellschaften im Gemeinsamen Markt, Die AktG 1970, S. 291 ff. Insbesondere der Richtlinienentwurf vom 27. September 1972 (sog. Strukturrichtlinie) ist für die Stellung des Aktionärs, seines Organs Hauptversammlung und des überwiegend daraus bestellten Aufsichtsrats von großer Bedeutung.

[8] An der Bayerische Motorenwerke AG, München, sind beteiligt: Dr. Herbert Quandt weit über 50 %; Gerling-Konzern ca. 10 %; Rest: Streubesitz.

[9] An der Daimler-Benz AG sind beteiligt: die Gruppe Flick mit ca. 40 bis 41 %; die Deutsche Bank AG mit mehr als 25 % und die Familie Quandt mit ca. 14 %; der Rest befindet sich in Streubesitz. Vgl. Hauptversammlung-Stenogramm der Daimler-Benz AG in: Blick durch die Wirtschaft (FAZ) vom 16. 10. 1972, S. 5.

a) Die Aktiengesellschaft ist ein Kind der Industrialisierung Europas und des damals neu auftretenden Phänomens ungewöhnlich hohen Kapitalbedarfs, so daß, obwohl es deshalb bereits in der ersten Hälfte des vergangenen Jahrhunderts Aktiengesellschaften mit mehr als 2000 Aktionären gab[10], ihr rechtliches Bild doch vom Unternehmer-Aktionär geprägt war. Wirtschaftspolitisch ging es allerdings auch schon damals allein um die Sammlung von Kapital durch Aktiengesellschaften; der Aktionär als Kapitallieferant war jedoch Eigentümer und daher — in Koordination mit seinen Mitaktionären — zu voller Herrschaft befugt. Dieses System wurde im Verlauf von über hundert Jahren zunehmend mediatisiert, bis die Entwicklung im Aktiengesetz von 1937 kulminierte, das der Verwaltung fast alle bedeutenden Entscheidungen in eigener Zuständigkeit zugewiesen hat. Der Ausgangspunkt aber blieb: Aufgabe des Aktionärs ist es, Kapital zur Verfügung zu stellen; daran werden seine Interessen gemessen und seine Rechte entwickelt. Deshalb auch wird er noch zu bestimmten Grundentscheidungen in der Gesellschaft gehört.

b) Dieser Ausgangspunkt wurde auch in der Debatte um die Aktienrechtsreform von 1965 nicht eigentlich verändert; eher ging es darum, die Akzente etwas weniger scharf zu setzen. Die Reform ging vom Kleinaktionär aus, hatte dessen *Schutz* vor Großaktionärs- und Verwaltungsinteressen vor Augen[11] und gab ihm deshalb gewisse Befugnisse zurück, fand sich jedoch — wie noch darzustellen sein wird — fast nur in Kompromissen. Nicht *Aktionsrechte*, sondern Schutz- und Kontrollrechte[12], also *Reaktionsrechte* standen im Mittelpunkt der Erörterung[13]. Vor

---

[10] *Cochram-Miller*, The Age of Enterprise, New York 1947, S. 69.

[11] Vgl. Fn 4.

[12] Vgl. *Flume*, Grundfragen der Aktienrechtsreform, Düsseldorf 1960, S. 14 ff.

[13] So z. B. die Rechte des Aktionärs, a) eine Prüfung von Vorgängen bei der Gründung oder der Geschäftsführung durch Sonderprüfer herbeizuführen, §§ 142 ff. AktG; b) eine Sonderprüfung wegen unzulässiger Unterbewertung zu veranlassen, §§ 258 ff. AktG; c) die Geltendmachung von Ersatzansprüchen gegen Gründer, Vorstands- oder Aufsichtsratsmitglieder durch die Gesellschaft zu erzwingen, § 147 AktG; d) sein Auskunftsrecht unmittelbar — und nicht nur mittelbar über die Anfechtung eines entsprechenden Hauptversammlungs-Beschlusses — durchzusetzen, § 132 AktG; e) Ersatzansprüche der abhängigen Gesellschaft gegen das herrschende Konzernunternehmen, dessen Verwaltung und die eigene Verwaltung selbst geltend zu machen, §§ 309, 317, 318 AktG.

allem aber wurde über die Aufgaben des Aktionärs jenseits seiner Rolle als Kapitallieferant und damit wirtschaftlicher Miteigentümer nicht weiter reflektiert, vielmehr die Einrichtung Aktiengesellschaft eher instrumental, nicht funktional begriffen[14].

c) Schon von dieser Feststellung her wird deutlich, daß hier nicht vom unternehmerischen Großaktionär zu handeln ist. Er sprengt nach wie vor die Regeln der soeben dargestellten Entwicklung und damit auch das System des geltenden Aktienrechts. Ein geradezu klassisches Beispiel hierfür sind die jüngsten Vorgänge bei der renommierten Varta-AG[15]. Diese erfolgreiche Produktionsgesellschaft mit einer großen Zahl von Kleinaktionären wurde wegen der höchst eigenen und höchst persönlichen Vorstellungen über die Straffung der Familiengruppe Quandt völlig umgestaltet: Sie gab ihrerseits Beteiligungen an sonstige Gesellschaften der Quandt-Gruppe ab, erwarb neue Beteiligungen aus dem Quandt-Imperium hinzu und wird zum Schluß Konzern-Holding der Quandt-Gruppe sein — mit den regulären wirtschaftlichen Aufgaben und Entwicklungen einer Aktiengesellschaft hat das nicht das geringste zu tun. Hier wird vom beherrschenden Mehrheitsaktionär an allen Institutionen des Aktienrechts vorbeiregiert[15a]; Selbständig der Verwaltung gegenüber den Gesellschaftern gibt es in dieser Konstellation nicht.

Ausgangspunkt unserer Überlegungen ist die andere Wirklichkeit von Aktiengesellschaft, die große Publikumsgesellschaft.

---

[14] So kritisieren *Grossfeld*, Aktiengesellschaft, Unternehmenskonzentration und Kleinaktionär, Tübingen 1968, S. 191 f. und *Rittner*, Die Funktion des Eigentums im modernen Gesellschaftsrecht, Gestaltungsformen und Probleme, in: Marburger Gespräche über Eigentum — Gesellschaftsrecht — Mitbestimmung, Marburg 1967, S. 50 ff. zu Recht den häufig zu engen Ansatz der Reform von 1965, wenn viel vom Individualrecht des Aktionärs als wirtschaftlicher Miteigentümer, wenig oder nichts aber von seinen Aufgaben als ordnungspolitischer Faktor die Rede ist: Vgl. etwa dazu die Begründung zum Regierungsentwurf des AktG 1965, bei *Kropff*, Aktiengesetz 1965, S. 13 f.; vgl. aber auch *Walter Strauss*, Die Rechtstellung des Aktionärs, in: Marburger Aussprache zur Aktienrechtsreform, 1959, S. 15 ff.

[15] Vgl. hierzu die Berichte in den Wirtschaftsteilen der FAZ, des Handelsblattes und der Süddeutschen Zeitung vom 13. 10. 1972, sowie die Glosse „Treuhänder der Kleinen" in der FAZ vom 14. 10. 1972.

[15a] Nach Presseberichten bittet der Großaktionär Quandt (Fu 8) den Vorstand von BMW (München) regelmäßig zu Besprechungen in sein Domizil (bei Frankfurt).

Prototypen dieser Aktiengesellschaften sind die drei großen Chemiegesellschaften mit zusammen weit über eine Million Aktionären[16], die drei privaten Großbanken mit zusammen ca. 400 000 Aktionären und die beiden Elektrokonzerne AEG und Siemens mit zusammen weit über eine halbe Million Aktionären[17]. Nur beschränkt in diesen Bereich gehören VW und die VEBA, die als Folge der Privatisierung zwar ungewöhnlich hohe Zahlen von Kleinaktionären — zusammen über zwei Millionen Aktionäre —, zugleich aber jeweils die öffentliche Hand als Großaktionär haben[18].

Das alles soll nicht besagen, daß unsere Überlegungen nicht *auch* für Aktiengesellschaften mit Großaktionärs-Interessen wie Daimler-Benz oder BMW von Bedeutung sind; diese Gesellschaften können wegen der besonderen Machtverhältnisse nur nicht Ausgangspunkt unserer Betrachtungen sein.

II
Rechtliche Befugnisse und tatsächliche Stellung des Aktionärs

Damit kann ich nunmehr über die Befugnisse dieses Aktionärs nach den Vorstellungen des Aktiengesetzes von 1965 sprechen und zu analysieren versuchen, welcher Wirklichkeit eben diese Befugnisse entsprechen. Nicht alle Einzelbereiche des Aktionärs können hierbei erörtert werden; einige der besonders wichtigen Befugnisse müssen beispielhaft für alle stehen.

1. Unternehmerische Mitentscheidungsbefugnisse des Aktionärs

Der Aktionär ist nicht selbst Unternehmer; diese Entscheidung des Gesetzes ist richtig und entspricht der Wirklichkeit. Trotz § 119 II AktG ist der Aktionär jedoch nicht völlig ohne Einfluß auf die Geschäftspolitik; denn als Kapitallieferant trägt er das Risiko unternehmerischer Grundentscheidungen. Dieser Einfluß des Aktionärs kann unmittelbaren Charakter haben oder mittelbarer Natur sein.

---

[16] Die Farbwerke Hoechst AG haben nach neuesten Feststellungen 420 000 Aktionäre (Anzeige der Gesellschaft auf der letzten Seite der Zeitschrift „Wertpapier", Nr. 14/73 vom 15. 7. 1973), die Bayer AG lt. telefonischer Auskunft rd. 460 000 Aktionäre.

[17] Quelle: Telefonische Auskünfte der Gesellschaften sowie die Angaben in DIE ZEIT vom 14. 7. 1972, S. 33 und in „Wer gehört wem" (hrsg. von der Commerzbank AG), 9. Aufl. 1971.

[18] Ende 1972 waren gut 3 Millionen Personen = 5 % der Bevölkerung Aktionäre; darunter waren 400 000 Arbeitnehmer-Aktionäre.

a) *Unmittelbar greift der Aktionär ein,* wenn Maßnahmen der Geschäftsführung oder besser: der Geschäftspolitik seiner Mitwirkung bedürfen.

aa) Eine solche Mitwirkung des Aktionärs ist bei einer Erweiterung der Kapitalbasis der Gesellschaft durch Kapitalerhöhung[19] oder durch Aufnahme von Fremdmitteln erforderlich, die (wie z. B. Wandelschuldverschreibungen und Gewinnschuldverschreibungen) eine gewisse Ähnlichkeit mit Kapital haben[20]. Hier sind die Interessen des Aktionärs tangiert durch den Einfluß, den solche Maßnahmen auf den Kurs der alten Aktien und auf die Beteiligungsstruktur haben können[21, 22]. Die Verwaltung hat daher ihre Gründe für eine Ausweitung der Kapitalbasis darzutun. Überzeugen diese Gründe, so wird der Aktionär die Chancen aus einer Erweiterung der unternehmerischen Tätigkeit seiner Gesellschaft höher einschätzen als seine Bestandsinteressen und daher zustimmen. Hier sollen also mit der Zustimmung zur Kapitalerhöhung oder ihrer Verweigerung die Grundzüge der Geschäftspolitik der Verwaltung und bestimmter künftiger Schwerpunkte der Geschäftsführung gebilligt oder mißbilligt werden.

Tatsächlich aber werden heute eine immer größere Zahl solcher Erhöhungen *praktisch ohne die Aktionäre* auf dem Wege über das sogenannte genehmigte Kapital[23] abgewickelt. Das Charakteristikum dieses genehmigten Kapitals besteht gerade darin, daß die Aktionäre den wirtschaftlichen Hintergrund der geplanten Maßnahme allenfalls nachträglich erfahren[24]. So hat z. B. die BASF AG in den letzten fünf Jahren ihr Kapital allein

---

[19] §§ 182 ff., 192 ff., 202 ff. AktG.

[20] § 221 AktG.

[21] So werden Kapitalerhöhungen gelegentlich auch dazu benutzt, potentielle, aber unerwünschte Interessenten vom Erwerb einer größeren Beteiligung abzuhalten oder die bereits erworbene Beteiligung „abzuwerten".

[22] Daher auch steht den bisherigen Aktionären nach §§ 186, 203 I, 1, 221 III AktG ein Bezugsrecht auf die jungen Aktien zu. Vgl. dazu eingehend *Wiedemann,* Großkommentar zum AktG, 3. Aufl., 1971, § 186 Anm. 2 und *Lutter,* Kölner Kommentar zum AktG, 1971, § 186 Anm. 6 ff.

[23] §§ 202 ff. AktG.

[24] Die Verwaltung läßt sich im Beschluß über die Schaffung eines genehmigten Kapitals regelmäßig ermächtigen, bei der Ausgabe von Aktien aus dem genehmigten Kapital das gesetzliche Bezugsrecht der Aktionäre auszuschließen (§ 203 II AktG) und die neuen Aktien auch gegen Sacheinlagen (Beteiligungserwerbe!) auszugeben (§ 205 AktG).

auf diese Weise um nominell 150 Millionen DM erhöht[25]. Und insgesamt scheint es heute zum guten Tone jeder Verwaltung zu gehören, über ein solches genehmigtes Kapital zu gebieten[26]. Das hat zur Folge, daß bei wichtigen unternehmerischen Entscheidungen von grundsätzlicher Bedeutung die Aktionäre gerade nicht mehr gehört zu werden brauchen: So hat die BASF nicht zuletzt mit diesen nominellen 150 Millionen DM junger Aktien ein Reich von Tochtergesellschaften erworben[27], so hat kürzlich die BAYER AG ihre Reifeninteressen in ähnlicher Weise ausgedehnt[28], ohne daß sich die Verwaltungen dieser Gesellschaften *zuvor* der durchaus offenen Frage seitens ihrer Aktionäre stellen mußten, ob denn diese unternehmerischen Expansionen einerseits und neuerlichen Konzentrationen andererseits wirklich allgemein *und* vom Unternehmen her gesehen nützlich und richtig sind[29].

---

[25] Im Geschäftsjahr 1967 lt. Geschäftsbericht S. 67 nom. 30 Mio. DM, im Geschäftsjahr 1968 (Geschäftsbericht S. 70) rd. 20 Mio. DM, im Geschäftsjahr 1969 (Geschäftsbericht S. 78 f.) 15 Mio. DM, im Geschäftsjahr 1970 (Geschäftsbericht S. 60 f.) rd. 71,2 Mio. DM und im Geschäftsjahr 1971 (Geschäftsbericht S. 89) über 12,6 Mio. DM. Das genehmigte Kapital wurde allerdings auch zum Teil zur Ausgabe von Arbeitnehmer-Aktien verwandt; vgl. Geschäftsbericht für das Geschäftsjahr 1972, S. 90.

[26] In der Hauptversammlung vom Juni 1972 beantragte die Verwaltung der BASF erneut ein genehmigtes Kapital über nom. 300 Mio. DM, ohne zum Anlaß oder zu den konkreten Plänen bezüglich dieser Ermächtigung konkrete Angaben machen zu können oder zu wollen.

[27] Die BASF erwarb z. B. auf diesem Wege die Glasurit Werke M. Winkelmann GmbH, Hamburg, unter Verwendung von nom. 48 Mio. DM junger Aktien. In ähnlicher Weise wurden die Nordmark Werke GmbH erworben. Weiter wandte die BASF nom. 63 Mio. DM junger Aktien auf als Teil des Gegenwartes für den Erwerb der Geschäftsanteile der G. Siegle & Co. GmbH und der Kast & Ehinger GmbH durch die Wintershall AG (vgl. Geschäftsbericht für 1970, S. 60).

[28] Zur Abdeckung der Transaktion bei der Corona Beteiligungsgesellschaft mbH, Frankfurt, die eine Beteiligung der Bayer AG an dem — vorläufig gescheiterten — Zusammenschluß der Continental Gummi Werke AG und der Phönix Gummi Werke AG zu einem deutschen Reifenkonzern zum Ziel hatte, wurden von der Bayer AG nom. 30 Mio. DM junger Aktien aufgewandt. Zur Teilfinanzierung des Erwerbes der Mehrheit an der Metzeler AG nahm die Bayer AG nom. 45 Mio. DM aus dem genehmigten Kapital in Anspruch mit der Folge eines erheblichen Kursdruckes auf die Aktien der Bayer AG; vgl. dazu die kritischen Beiträge „Emission im Zwielicht" in: FAZ vom 26. 10. 1972, sowie „Wenn Verwertungsaktien zum Ärgernis werden" in: DIE ZEIT Nr. 44 vom 5. 11. 1972.

[29] Kritisch zu den Voraussetzungen, Folgen und Erfolgen dieser starken externen Unternehmensexpansion *H. O. Lenel*, Ursachen der Konzentration, 2. Aufl., Tübingen 1968, und Externes Unternehmenswachstum als Problem der Wettbewerbspolitik, in: Wettbewerb als Aufgabe, 1968, S. 489 ff.

Das genehmigte Kapital erfüllt seinen Zweck, wenn Entscheidungen zum materiellen Gehalt der geplanten Maßnahme *heute schon* fallen können, aus Gründen von Markt und Börse aber der *richtige Zeitpunkt* für ihre *Verwirklichung* abgewartet werden muß. In anderen Fällen ist der Aktionär als Instanz der materiellen Mitentscheidung überspielt. Die Verwaltung druckt dann ihr eigenes Geld, beschwört damit die Gefahr der Inflation und der Bürger: sprich Aktionär muß mit einem erheblichen Kursdruck auf seine Aktien an der Börse auch noch passiv die Folgen solcher Maßnahmen bezahlen[30].

In gleicher Weise wird die Befugnis der Aktionäre zu materieller Mitwirkung übersehen, wenn Gesellschaften ohne jede Rücksprache mit ihren Aktionären, aber unter Inanspruchnahme von Mitgliedschaftsrechten sogenannte Optionsanleihen im Ausland begeben[31].

bb) Neben der Entscheidung über eine Kapitalerhöhung ist die Entscheidung über „mittelbare Kapitalerhöhungen" durch *Einbehaltung der erwirtschafteten Erträge* von entscheidender Bedeutung. In Zeiten wirtschaftlicher Prosperität und gesicherter Ertragskraft beruht auf dieser Möglichkeit in hohem Maße die Unabhängigkeit der Verwaltung von materieller Zustimmung der Aktionäre zu ihrer Geschäftspolitik, im Grunde also ihre Freistellung von der Konkurrenz mit den Plänen anderer Verwaltungen: Dem Aktionär wird gar nicht die Alternative zur Investition in anderen Gesellschaften gelassen[32, 33].

---

[30] *Kummer*, Das genehmigte Kapital, in: Probleme der Aktienrechtsrevision, Bern 1972, S. 89 ff., kann daher unwidersprochen auf S. 96 erklären: „Kein anderes Revisionspostulat (sc. als die Forderung nach Einführung des genehmigten Kapitals in das schweizerische Aktienrecht) greift tiefer in das geltende Organisationsgefüge ein".

[31] Vgl. dazu *Lutter*, Optionsanleihen ausländischer Tochtergesellschaften, Festschrift für Kastner, Wien 1972, S. 245 ff. = Die AktG 1972, S. 125 ff. Die Verwaltung der Farbwerke Hoechst AG hat allerdings in der Hauptversammlung des Jahres 1973 die Ermächtigung zur Ausgabe solcher Optionsanleihen beantragt und durch Beschluß der Hauptversammlung auch erhalten. Die Frage des Bezugsrechts der Aktionäre auf solche Optionsanleihen bleibt damit aber noch ungeklärt.

[32] Über diese Frage ist umfangreich diskutiert worden; vgl. statt aller *Rasch*, Gutachten zum 42. DJT (Bd. I, 3. Teil), S. 18 ff.; *Walter Strauss*, Die Rechtsstellung des Aktionärs, Marburger Aussprache zur Aktienrechtsreform, 1959, S. 15 ff., 21 ff.; *Kronstein* und *Claussen*, Publizität und Gewinnverteilung im neuen Aktienrecht, Frankfurt 1960. Neuerdings findet ganz die gleiche Diskussion in der Schweiz statt; vgl. etwa *Niederer*, Die stillen Reserven, in: Probleme der Aktienrechtsrevision, Bern 1972, S. 33 ff.

Das Aktiengesetz von 1965 hat hier den berühmten Kompromiß des § 58 II AktG gefunden, wonach die Verwaltung zur einen Hälfte, die Aktionäre zur anderen Hälfte über die Gewinnverwendung bestimmen. Die Regelung wird in hohem Maße der durch das Recht und die Praxis der USA geprägten Vorstellung *Kronsteins*[34] von den „gläsernen, aber verschlossenen Taschen" gerecht, ist jedoch im Kanon der meisten europäischen Rechte singulär: Dort stellt die Hauptversammlung den Jahresabschluß fest und bestimmt unbeschränkt über den durch keine freiwilligen Rücklagen verminderten Bilanzgewinn. Dennoch enthält § 58 II AktG eine Verbesserung für die Stellung der Aktionäre gegenüber dem Aktiengesetz von 1937. Und geschützt wird diese Regelung durch neue Bewertungsvorschriften, die — neben dem traditionellen Höchstwert — auch verpflichtende Mindestwerte vorschreiben[35]. Eigenartig ist nur, daß es zu materiellen Debatten in diesem Bereich bisher noch kaum gekommen ist: Der nach Ausnutzung des regulären oder erweiterten Bereiches von § 58 II AktG verbleibende Gewinn stimmt — auch in ertragsstarken Jahren — in fast allen Fällen überraschend genau mit dem erforderlichen Betrag überein, um die von der Verwaltung projektierte Dividende zu zahlen. Hier zeigt sich, daß der vorgestellte Kompromiß in der Entscheidungshoheit zwischen Verwaltung und Aktionären an weiteren Kompromissen des Gesetzes im Bewertungsrecht — insbesondere bei der Steuerklausel des § 155 Nr. 2 AktG — und durch das Fehlen eines zwingenden Bewertungsrechtes in der GmbH als Tochtergesellschaft[36] praktisch gescheitert ist. Auch hier wird die Befugnis des Aktionärs materiell nicht verwirklicht.

[33] Die Volkswagenwerk AG hat im Jahresabschluß 1971 aus den versteuerten Rücklagen rd. DM 69 000 000 entnommen, um — bei einem echten Jahresüberschuß von nur 12 Mio. DM — auch für dieses Jahr eine Dividende zahlen zu können. Wäre der fragliche Betrag damals, als er erwirtschaftet wurde (z. B. im Geschäftsjahr 1969; damals wurden 165 Mio. DM der offenen Rücklage zugeführt), ausgeschüttet worden, so hätte VW selbst rd. 20 Mio. DM gespart, die Aktionäre aber hätten an der Entscheidung selbst mitwirken können: Investition erneut bei VW oder — wegen der problematischen Geschäftspolitik — in anderen Unternehmen.
[34] a. a. O. (Fn. 32).
[35] §§ 153 ff. AktG.
[36] Tochtergesellschaften in der Rechtsform der GmbH können in der Bilanz der Mutter-Aktiengesellschaft selbst dann mit den Anschaffungskosten (z. B. nominelle Kapitaleinlage) angesetzt werden, wenn der Jahresabschluß der GmbH erhebliche offene Reserven ausweist. Vor allem aber können nach Handelsrecht in der GmbH stille Reserven fast beliebig gelegt werden; auf

cc) Eine unmittelbare Mitwirkung der Aktionäre ist auch bei Konzentrationsvorgängen erforderlich wie der Fusion[37], der Vermögensübertragung[38] und dem Abschluß von Unternehmensverträgen[39]. Hier sichert das Gesetz dem Aktionär auf der Grundlage umfangreicher Informationen ein Mitspracherecht bei unternehmerisch wichtigsten Entscheidungen zu. Das gilt aber dem reinen Buchstaben des Gesetzes nach nicht bei anderen Konstruktionen und bestimmten Formen der Teilfusion. Wenn also bisher selbständig betriebene Teilbereiche in sogenannte Gemeinschaftsunternehmen mit anderen Unternehmen eingebracht werden (Beispiel: AGFA/GEVAERT)[40], geschieht dies ohne Mitwirkung der Aktionäre. Und Vorgänge dieser Art können sich so lange und so oft wiederholen, bis die einst unmittelbare unternehmerische Tätigkeit der Gesellschaft mehr oder minder ganz in die einer Holding übergegangen ist. Bei der wohl bekanntesten wirtschaftlichen Fusion der letzten Jahre, dem internationalen Verbund der deutschen Hoesch AG mit der niederländischen „Koninklijke Nederlandsche Hoogovens en Staal Fabrieken N. V."[41], hielt man die Mitwirkung der Aktionäre ex lege offenbar nur teilweise für erforderlich. Zwar wurden sie zur Abstimmung gebeten, aber ohne ihnen die Möglichkeit zu der schließlich entscheidenden Beratung zu eröffnen: Die erforderlichen Informationen wurden jedenfalls verspätet gegeben[42].

die Tochter-GmbH können daher in vielfältiger Weise Gewinne verlagert werden.

[37] §§ 340, 353 AktG.

[38] § 361 AktG.

[39] § 293 AktG.

[40] Vgl. dazu *Silcher*, in: *Lutter*, Recht und Steuer der internationalen Unternehmensverbindungen, S. 80 ff.; *derselbe*, Referat zum 48. DJT, Verhandlungen Band II, Teil R, S. 10 ff.

[41] Sorgfältig dargestellt bei *Reinhardt*, Gesellschaftsrecht, Tübingen 1973, Nr. 968.

[42] Den Aktionären der Hoesch AG wurden mit der Einladung zur Hauptversammlung vom 17. 5. 1972, in der die „Fusion" zwischen Hoesch und Hoogovens zur Abstimmung stand, nur Angaben über den Inhalt des Grundvertrages zwischen Hoesch und Hoogovens übermittelt, nicht jedoch der Vertrag selbst zugänglich gemacht. Dieser 31seitige Vertrag wurde auf Drängen von Aktionären lediglich in der Hauptversammlung verlesen; eine Aushändigung von Abschriften des Vertrages an die Aktionäre wurde auch dann noch von der Verwaltung abgelehnt. Die für die „Fusion" maßgeblichen Bewertungsgutachten wurden den Aktionären ebenfalls nicht vorgelegt. Vgl. dazu Hauptversammlungs-Stenogramm über die Hauptversammlung der Hoesch AG in: Blick durch die Wirtschaft (FAZ) vom 5. 6. 1972;

b) Von diesen wichtigsten Fällen abgesehen, nimmt der Aktionär an der Festlegung der Geschäftspolitik unmittelbar nicht teil. Doch bestehen drei wichtige Formen der Möglichkeit *mittelbarer Einflußnahme*, nämlich: Kauf und Verkauf der betreffenden Aktien, Wahl der Mitglieder des Aufsichtsrates und Entlastung der Verwaltung.

aa) Der Markt der Aktien ihrer Gesellschaft ist für die Verwaltung ein nicht zu unterschätzender Faktor des Renommees; werden diese Aktien im Gegensatz zu den Papieren einer anderen Gesellschaft ganz und gar nicht geschätzt oder, umgekehrt, sehr gesucht, so kann das Rückwirkungen auf die Sicherheit der Verwaltung in ihrem Amte haben[43]. Darüber hinaus können Gesellschaften, deren Aktien schwach notieren, auch nicht oder nur mit besonders großen Mühen Kapitalerhöhungen durchführen und ihren Aktionsbereich damit erweitern. Auch bestimmt die durchsetzbare Höhe des Ausgabekurses neuer Aktien Umfang und Ausmaß der damit geplanten Finanzierungen.

Damit aber dieses sehr naheliegende, marktorientierte System des Einflusses funktionieren kann, ist rasche und sachverständige *Information und Analyse* erforderlich. Das erstere wird zunehmend von den Verwaltungen ernst genommen und geleistet, wenn auch die Vierteljahreszahlen oft noch sehr global sind. Dagegen sind Analyse und der hier besonders wichtige Vergleich zu Gesellschaften ähnlicher Struktur und mit ähnlichen Tätigkeitsbereichen nicht Aufgabe der Verwaltung. Diese Analyse aber ist erforderlich, soll der Kleinaktionär unserer Betrachtung auch tatsächlich reagieren können: Denn er ist ja nicht Fachmann. Analysen dieser Art werden heute von Publikationsorganen, vor allem aber von Spezialinstituten geleistet, die jedoch nicht die Banken des Klein- und Normalaktionärs sind. Dessen Institute aber nehmen diese Aufgabe in aller Regel bislang nicht wahr — mindestens nicht für diesen Aktionär,

---

Bericht von H. *Radzio* über die Hauptversammlung der Hoesch AG in: Handelsblatt vom 18. 5. 1972; Interview mit dem Vorstandsvorsitzenden der Hoesch AG, *Harders*, in: Wertpapier 1972, Nr. 9, S. 287 ff.; Glosse „Ja zu ESTEL" in: Wertpapier 1972, Nr. 11, S. 377; Glosse „Stimmvieh" in: DIE ZEIT vom 26. 5. 1972. — Vgl. dazu auch *Lutter*, Die Rechte des Aktionärs bei fusionsähnlichen Unternehmensverbindungen, Düsseldorf 1973 und DB 1973, Beilage Nov. 1973.

[43] Das gilt natürlich nur bei Entwicklungen außerhalb des allgemeinen Trends: Es kommt gerade auf die individuelle Bewertung dieser Gesellschaft im Verhältnis zu Gesellschaften vergleichbarer Produktion, Größe etc. an.

allenfalls für die eigene Börsenabteilung. Und das muß keineswegs verwundern. Denn diese Institute sind in erster Linie Geschäftsbanken, nicht Wertpapierbanken. Zentrum ihrer Tätigkeit ist das Geschäft mit Geld und Kredit, nicht das Wertpapiergeschäft für Dritte: Hier wird eher verwaltet. Eine nicht voll geglückte rechtliche Organisation, aber auch die mangelnde Größe des Wertpapiermarktes selbst verhindern ein Interesse von einflußreichen und seriösen Mittlern, welche für Information sorgen und Reaktion auch des kleinen Anlegers anregen, ermöglichen und gewährleisten.

bb) Auch mit der *Wahl der Aufsichtsratsmitglieder* soll der Aktionär nach den Vorstellungen des Gesetzes mittelbar Einfluß auf die Linie der Geschäftspolitik nehmen. Das mag zunächst überraschen; denn schon im Namen „Aufsichtsrat" wird das Element der Überwachung eher zu stark betont. Bedenkt man aber, daß eben diese Leute seines, des Aktionärs, Vertrauens die Personen des Vorstandes bestimmen, die Linie der Geschäftspolitik des Vorstands billigen und an bedeutenden Entscheidungen der Geschäftsführung gemäß § 111 IV AktG mitwirken, so wird deutlich, weshalb hier von einem Einfluß auf die Geschäftspolitik im Zusammenhang mit der Wahl von Aufsichtsratsmitgliedern gesprochen wird[44]. Doch nichts kann unzutreffender sein, als die Annahme, der von mir hier apostrophierte kleine und mittlere Aktionär habe irgend einen Einfluß auf Auswahl und Zusammensetzung des Aufsichtsrates, habe also praktisch den ihm zugedachten mittelbaren Einfluß auf die Geschäftspolitik des Unternehmens durch seine Wahl der Aufsichtsratmitglieder. Das gilt nicht nur — wie immer wieder erwiesen — dann, wenn neben Kleinaktionären noch größere Aktionäre beteiligt sind[45]. Auch unsere großen Publikumsgesellschaften rekrutieren ihren Aufsichtsrat keineswegs im Hin-

[44] In der Nachfolge *Wiethölters* (Fn. 3) S. 299 ff. vertritt *Roth,* Das Treuhandmodell des Investmentrechts, eine Alternative zur Aktiengesellschaft?, 1973, S. 314 ff. die Auffassung, es gäbe zwischen Scylla der Einflußlosigkeit und Charybdis der Machtübernahme für den Aufsichtsrat keine mittlere Position, also auch nicht die von mir hier umschriebene Position des Einflusses auf wichtige Unternehmensentscheidungen. Die Auffassung ist nicht zutreffend; sie übersieht die vielfältigen und vielschichtigen Balancen, die im Kräftespiel von Menschen — um die es hier ja geht — nicht nur möglich, sondern auch Realität sind.
[45] Vgl. etwa das Stenogramm über die Hauptversammlung der Daimler-Benz AG 1972 in: Blick durch die Wirtschaft (FAZ) vom 16. 10. 1972, S. 5.

blick auf die große Zahl ihrer Aktionäre oder auch nur in Kontakt mit diesen, sondern — bezogen auf die zwei Drittel der Aktionärsvertreter im Aufsichtsrat — zu etwa einem Drittel aus Bankenvertretern[46], zu gut einem Drittel aus Industrievertretern und zum restlichen Drittel aus sonstigen Mitgliedern, meist Repräsentanten größerer Aktionäre, Vertretern der öffentlichen Hand, früheren Mitgliedern der Verwaltung etc. Typische Kleinaktionärsvertreter finden sich nur in ganz wenigen Einzelfällen, so z. B. je eine Vertreterin bei der Deutschen Bank und bei VW[47].

In Wirklichkeit handelt es sich bei der Besetzung des Aufsichtsrats in diesen Gesellschaften um ein System der Kooptation, in dem die Interessen, die Sicht und die Person des Kleinaktionärs bislang keine Rolle spielen.

cc) Damit bleibt als letzte Form möglicher mittelbarer Einwirkung auf die Geschäftsführung die *Entlastung* der Verwaltung nach § 120 AktG. Sie ist notwendiger Verhandlungsgegenstand in jeder ordentlichen Jahreshauptversammlung, § 120 I AktG. Bei dieser Entlastung handelt es sich nach dem Gesetz (§ 120 II, 1 AktG) um die „Billigung der Verwaltung der Gesellschaft durch die Mitglieder des Vorstandes und des Aufsichtrats" seitens der Hauptversammlung. Allerdings hat das Ergebnis dieser Verhandlung — die Entlastung oder ihre Verweigerung — nach § 120 II, 2 AktG keine Rechtsfolgen: Weder bedeutet die Entlastung den Verzicht auf etwaige Schadensersatzansprüche, noch hat ihre Verweigerung Konsequenzen für die betreffende Person[48]. Außerdem betrifft die Entlastung

---

[46] Vgl. *Roth*, Das Treuhandmodell (Fn. 44), S. 309, mit weiteren Nachw.

[47] Neuerdings scheint sich hier ein Umdenken in Maßen anzubahnen. Zum einen werden die offenen Worte des Sprechers der Deutschen Bank AG, *F. H. Ullrich* in „Manager" 1973, Nr. 4, S. 38 ff. nicht ganz nutzlos verhallen; andererseits werden Vertreter der Schutzvereinigung für Wertpapierbesitz e. V., der meines Wissens größten Organisation von kleinen und mittleren Aktionären, in zunehmendem Maße in die Aufsichtsräte der Publikumsgesellschaften gewählt: Ob allerdings diese Identifikation *einer* Organisation mit dem kleinen und mittleren Aktionär sehr glücklich ist, muß sich erst noch erweisen.

[48] § 84 III, 2 AktG gestattet dem Aufsichtsrat die Abberufung eines Vorstandsmitgliedes aufgrund der Tatsache, daß ihm das Vertrauen von der Hauptversammlung entzogen wurde. Zutreffend aber weist *Zöllner*, Kölner Kommentar zum AktG, § 120 Anm. 41 u. 42 entgegen der h. M. (vgl. bei *Zöllner*, a. a. O.) darauf hin, daß die Verweigerung der Entlastung nicht identisch sein muß mit einem allgemeinen Vertrauensentzug, sondern auch auf anderen Überlegungen beruhen kann.

ihrem Gegenstand nach das Verhalten der Verwaltung in der Vergangenheit[49]; die Entlastung wird daher allgemein zu den Kontrollrechten des Aktionärs und nicht zu seinen mittelbaren Mitwirkungsrechten gerechnet. Es ist jedoch zu bedenken, daß die Verweigerung der Entlastung zu einer Minderung von Ansehen und Autorität der Verwaltung insgesamt oder der betroffenen einzelnen Mitglieder führt[50], so daß auf diesem Wege (oder Umwege) der — mittelbare — Einfluß der Hauptversammlung gerade auch auf die Grundzüge des künftigen Verhaltens der Verwaltung und ihrer Geschäftsführung möglich und im Gesetz vorgesehen ist[51]. Insofern hat die Entlastung oder ihre Verweigerung nicht nur historische Bedeutung und auch nicht nur den Charakter eines allgemeinen Vertrauensbeweises für die Zukunft, sondern umfaßt unmittelbar in einem weiteren Sinne auch Fragen der Planung für die Zukunft, der Entwicklung und der allgemeinen Zielsetzung des Unternehmens, geht also faktisch weit über die rein retrospektive Kontrolle der Ordnungsmäßigkeit (Legalität in weiterem Sinne) hinaus. Dabei ist zu bedenken, daß die reine Retrospektive mit der Dynamik des wirtschaftlichen Geschehens in Großunternehmen zunehmend an Bedeutung verliert; von wirtschaftswissenschaftlicher Seite wird deshalb auch schon die Aufstellung und Veröffentlichung einer Art „Prognoserechnung" im Zusammenhang mit dem — retrospektiven — regulären Jahresabschluß diskutiert[52]. Demgegenüber neigt der Jurist eher dazu, sich allein den Fakten, also der reinen Vergangenheit zuzuwenden. Ohne die Bedeutung dieser unterschiedlichen Gewichtung für den Einfluß der Aktionäre auf die *künftige Geschäftsführung* aufzufächern, gehen Literatur und Rechtsprechung daher insgesamt viel eher von dem Verständnis der Retrospektive aus[53]. Indem allgemein

---

[49] *Barz*, Großkommentar zum AktG, 3. Aufl., § 120 Anm. 4; *Zöllner* (Fn. 48), § 120 Anm. 34; *Nitschke-Bartsch*, Über Bedeutung und Umfang des Auskunftsrechts insbesondere im Zusammenhang mit Entlastungsbeschlüssen, Die AktG 1969, S. 95 ff., 98.
[50] *Barz*, a. a. O., § 120 Anm. 6; *Zöllner*, a. a. O., § 120 Anm. 24.
[51] *Barz*, a. a. O.
[52] Vgl. etwa *Busse von Colbe*, Prognosepublizität von Aktiengesellschaften, in: Beiträge zur Lehre von der Unternehmung, Festschrift für *Karl Käfer*, Zürich 1968, S. 91 ff.
[53] BGH WM 1967, S. 503; *Baumbach-Hueck*, Kommentar zum AktG, 13. Aufl., § 120 Anm. 3. Das gilt, obwohl gerne von einer „Vertrauenserklärung für die Zukunft" gesprochen wird (*Barz*, a. a. O., § 120 Anm. 7;

und so durchaus auch zutreffend auf das Handeln in der Vergangenheit — im Gegensatz zur pauschalen Entlastung für die Zukunft — verwiesen wird[54], meist[55] aber nicht deutlich genug auf die Bedeutung der Debatte für das *zunkünftige Verhalten* der Verwaltung, wird zugleich die Tendenz der Aktionäre gefördert, kleinere Probleme der Vergangenheit langwierig und folgenlos zu erörtern statt erfolgreich mitzuwirken an der künftigen Entwicklung des Unternehmens. Dem entspricht es, wenn das *Kammergericht* in einem Auskunftsverfahren vor kurzem erklärt hat, wenn ein Tatbestand durch den Wirtschaftsprüfer geprüft sei, brauche darüber im Zusammenhang mit der Entlastung nicht mehr gesprochen zu werden[56].

Dieses von vielen Seiten zusammenklingende Verständnis von Entlastung läßt dem kleinen und mittleren Aktionär auch an dieser Stelle wenig Raum, den ihm zukommenden Einfluß auf die Geschäftspolitik auszuüben. Wenn die Entlastung nach traditionellem Verständnis wenig oder nichts mit den großen Linien der künftigen Geschäftspolitik zu tun hat so, wie sie in der Vergangenheit angelegt wurden, dann können dazu nach § 123 AktG auch keine bestimmenden Fragen gestellt werden. Auf diese Weise werden — das ist nur die konsequente Folge — dem Aktionär auch Fragen und Stellungnahmen zu den sogenannten „politischen" Problemen der Gesellschaft bestritten. Darauf ist später noch näher einzugehen.

2. Kontrollrechte des Aktionärs

Nach diesem wenig positiven Bild über die praktische Mitwirkung des Aktionärs an entscheidenden Maßnahmen der Geschäftsführung und der Geschäftspolitik bleibt als zweiter Aktionsbereich des Aktionärs seine Kontrollrechte. Auch sie kann man unterscheiden in solche unmittelbaren und andere mehr mittelbaren Charakters.

Godin-Wilhelmi, Kommentar zum AktG, 4. Aufl., § 120 Anm. 2; *Nitschke-Bartsch*, a. a. O., S. 96), denn dieses „Vertrauen" beruht nicht auf substanziellen Erwartungen zur Geschäftsführung der kommenden Zeit, sondern projeziert nur die „Fehlerlosigkeit" der Vergangenheit in die Zukunft.
[54] Vgl. die Nachw. Fn. 49.
[55] Anders *Barz*, a. a. O., § 120 Anm. 6 a. E.
[56] Kammergericht, Beschluß vom 11. 2. 1972, DB 1972, 1914, 1917 = NJW 1972, 2307. Zu Recht kritisch „sch", Kein Auskunftsrecht des Aktionärs im faktischen Konzern, in: Wertpapier 1972, S. 385 ff. und *Zöllner*, a. a. O. (Fn. 48), § 131 Anm. 27 ff., 30 sowie *Immenga*, BB 1973.

a) *Unmittelbare Kontrollrechte* übt der Aktionär bei *Fragen zum Jahresabschluß* aus, der, auch wenn er wie üblich bereits durch die Verwaltung festgestellt wurde, in jeder ordentlichen Hauptversammlung zur Debatte zu stellen ist, § 175 I AktG. Hier wird das Fragerecht des Aktionärs durchaus zutreffend in einem weiten, allerdings thematisch ebenfalls retrospektiven Umfange verstanden; denn zur sachgemäßen Beurteilung dieses Gegenstandes ist im Grunde jede auf Kontrolle abzielende Frage zulässig[57]. Aber auch hier gilt in weitem Maße das, was oben schon ausgeführt wurde: Der Kleinaktionär würde schon kontrollieren und wie von ihm gewünscht: sachorientiert fragen, wenn ihm nur die Daten entsprechend aufbereitet würden. Dazu aber bedürfte es einer noch sehr viel stärker differenzierten Struktur des Wertpapiermarktes; und es bedürfte eines hoch motivierten Systems von Mittlern zwischen Markt und Aktionär, etwa eines auf Konkurrenz ausgelegten und nicht an Verwaltung orientierten Systems von Wertpapierbanken.

b) *Unmittelbare Kontrolle* im Einzelfalle verwirklicht der Aktionär auch durch Ausübung seines Rechtes zur *Anfechtung von Hauptversammlungsbeschlüssen*. Er sichert auf diese Weise einmal seine ganz persönlichen Belange, seine Vermögensrechte und Mitwirkungsrechte in der Gesellschaft; er sichert aber auch das Allgemeininteresse an korrekter, insbesondere gesetzmäßiger Führung der Unternehmung Aktiengesellschaft[58]. Da Anfechtung nur durch Klage geschehen kann, klagt der Aktionär *in solchen Fällen* im Interesse von Gesellschaft und Allgemeinheit. Dennoch trägt *er* auch in diesen Fällen das Prozeßrisiko. Dieses Risiko wenigstens der Höhe nach zu *mindern*, ist Aufgabe des gespaltenen Streitwertes aus § 247 AktG. Doch wird diese Funktion der Norm gerade bei einer derart altruistischen Ausübung des Anfechtungsrechtes nicht genügend beachtet; im Hinblick auf den Wortlaut des Gesetzes, der von „erheblicher wirtschaftlicher Gefährdung" des Klägers spricht, wird auch in solchen Fällen noch immer ein hoher Streitwert festgesetzt[59]. Das

---

[57] *Nitschke-Bartsch*, a. a. O.; *Zöllner*, a. a. O., § 131 Anm. 18 ff.; *Barz*, a. a. O., § 131 Anm. 7 je mit umfangreichen Nachw.
[58] Vgl. dazu *Lutter*, Die Eintragung anfechtbarer Hauptversammlung-Beschlüsse im Handelsregister, NJW 1969, 1873 ff.
[59] So wurde etwa den Klägern gegen den „Fusions"-Beschluß zwischen Hoesch und Hoogovens (vgl. oben Fn. 42), zwei 30 und 33 Jahre alten Diplom-Kaufleuten bei einem Aktienbesitz von nom. 300 bzw. 150 DM von

hat zur Folge, daß in aller Regel nur Aktionäre, die selbst Anwälte sind und daher nur das Kostenrisiko der Gegenseite tragen oder aber Vereinigungen — wie hier vor allem die Schutzvereinigung für Wertpapierbesitz — diese Befugnis auch wirklich wahrnehmen können: Der typische Kleinaktionär wird ein
solches Risiko nicht eingehen und kann es nicht eingehen.

Darüber hinaus darf nicht übersehen werden, daß dem Kläger
in Anfechtungsklagen solcher Art nicht selten unlautere Beweggründe unterstellt werden, um manchmal sogar soziale Pressionen auf ihn ausüben zu können. Nicht weniger selten wird
eine solche Haltung von der Gegenseite antizipiert und der
Kläger mit günstigen Angeboten der unterschiedlichsten Art zur
Aufgabe seiner Position angeregt. Beide Verhaltensweisen verkennen, daß hier in aller Regel weder Sekundäres noch Persönliches zur Debatte steht, sondern die *Legalität der Verwaltung*
unserer großen Aktiengesellschaften, deren Kontrolle sich *eben
auch* in dieser Form vollzieht: Will man die Liberalität dieser
Regelung erhalten und die Klagebefugnis eines Aktienamtes,
der Wirtschaftsverwaltung, eines öffentlichen Anwalts etc. vermeiden, so ist eine solche Anfechtungsklage mit Respekt vor der
Person und mit Ernst und Seriosität in der Sache zu behandeln.
Das aber bedeutet zunächst einmal, daß der Gegner als fair und
lauter geachtet, seine wirtschaftliche Gefährdung nicht erstrebt
wird, wo doch — von der angesprochenen Verwaltung her gesehen — persönliches Risiko nicht involviert ist: Der Krieg wird
auf der Gegenseite mit Mitteln der Gesellschaft geführt.

c) Weitere mittelbare und unmittelbare Kontrollrechte, wie
z. B. die Möglichkeit, eine Sonderprüfung durchzusetzen (§§
142 ff., 258 ff. AktG), den Abschlußprüfer zu wählen[60] (§ 163

der 3. Handelskammer des Landgerichts Dortmund ein Streitwert von
50 000 DM (statt 1 Mio.) bewilligt und damit ihr Kostenrisiko für diese
Instanz auf rd. 5000 DM (!) „begrenzt". — Vgl. dazu den Bericht
der Hoesch AG für die Aktionäre über die Hauptversammlung vom
17. 5. 1972 vom Juli 1972, S. 5 sowie H. *Radzio,* Zwei Jungmanager gegen
Hoesch-Hoogovens, in: Handelsblatt vom 12. 10. 1972. — Zum Problem der
Kostenlast als Folge individueller Wahrnehmung gesellschaftlicher Aufgaben
vgl. *Grossfeld* (Fn. 14) 211 ff. zu § 147 IV AktG, wobei allerdings § 247
AktG nicht in die dortigen Überlegungen einbezogen wird.

[60] Auch hier zeigen die Verwaltungen wenig Verständnis für den Wunsch
des kleinen und mittleren Aktionärs, den Abschlußprüfer gelegentlich auch
einmal zu wechseln. Die durchaus verständlichen Sorgen der Verwaltung vor
den Schwierigkeiten bei der Einarbeitung eines neuen Prüfers und dem „unfreundlichen Akt" gegenüber einem Prüfer, der seine Aufgabe ohne Tadel

AktG) etc. sollen hier nur erwähnt, im übrigen aber unberück-
sichtigt bleiben.

3. Zusammenfassung

Faßt man diese Einzelaspekte zusammen, so drängt sich dem
Beobachter die Frage auf: Wozu eigentlich braucht man diesen
Aktionär, dieses Subjekt vielfältiger Vorschriften, minuziöser
Überlegungen und großer gesetzgeberischer Bemühungen, wenn
seine Funktionen in den großen und wichtigen Gesellschaften
gegen null tendieren. Wozu soll der Anspruch aufrechterhalten
werden, daß *er* über unternehmenspolitisch wichtige Fragen zu
bestimmen habe, wenn dieser Anspruch nur zu oft nicht beachtet wird? Wozu den Anspruch erheben, es sei der Aktionär,
der mindestens mittelbar am Geschick der Gesellschaft mitwirke,
wenn das kaum der Realität entspricht? Wozu soll man den
hohen Aufwand an Mühe, Zeit und Papier vorschreiben, wenn
zu den Hauptversammlungen nur Aktionäre und Aktionärsver-
einigungen mit durchschnittlich allenfalls 3 % des in dieser
Hauptversammlung stimmberechtigten Kapitals kommen und
auch die Bankenvertreter nur in seltenen Fällen und auch dann
nur allenfalls für 1—2 % des stimmberechtigten Kapitals
Sonderanweisungen nach § 135 I, 2 AktG mitbringen[61], kurz:
das Ergebnis solcher Hauptversammlungen also schon lange vor
ihrem Beginn völlig feststeht.

Die Fragen sind keineswegs nur rhetorisch gemeint. Ebenso-
wenig aber ist ihr Hintergrund der Gedanke, die Mitgliedschaf-
ten oder mindestens die Ausübung der mit ihnen verbundenen
Rechte sollten etwa auf die öffentliche Hand übergehen. Die
marktwirtschaftliche Ordnung hat ihre Leistungsfähigkeit ein-
drucksvoll unter Beweis gestellt. Wir wären töricht, würden
wir dieses System der Dezentralisierung und der Verwirklichung
gemeinschaftsnotwendiger Aufgaben wie der Bedarfsdeckung
durch Verknüpfung mit dem Interesse des Einzelnen einfach
verschenken — wie wir nicht minder töricht wären, würden wir
— wie in diesem Zusammenhang — nicht Mängel erkennen,

---

erfüllt hat, sollten nicht immer den Vorrang haben auch nur vor dem Anschein, daß sich gewisse Abhängigkeiten zwischen Verwaltung und Prüfer
entwickelt haben könnten.
    [61] G. H. *Roth*, Die Aktiendemokratie in der Publikums-AG als Gegen-
stand rechtssoziologischer Betrachtung, S. 14—18 mit Nachw. (als Manus-
kript dem Verf. freundlicherweise überlassen, jetzt in Festschrift für Pau-
lick, 1973, erschienen).

nach ihren Ursachen forschen und auf ihre Abhilfe sinnen. Das gilt um so mehr, als immer dann, wenn in einem sozialen System eine dem Gleichgewicht dienende Kraft ausfällt, andere oder neue Kräfte eben diese Aufgaben übernehmen oder doch zu übernehmen trachten.

Daher genügt es auch nicht, dem Aktionär Desinteresse vorzuwerfen und das Problem unter Hinweis auf die hohen Präsenzen in den Hauptversammlungen aufgrund der Bankenvollmachten zu überspielen oder, wie in den USA, die Abschaffung der Hauptversammlung überhaupt zu propagieren und in einigen ihrer Rechte sogar zuzulassen[62]. Denn dieses Interesse des Aktionärs wird, wie nachgewiesen, keineswegs stimuliert.

III

Aufgabe und Person des Aktionärs

Will man die eigentlichen Mängel erkennen, so genügt es nicht, den Details nachzugehen; es gilt vielmehr, die geräumte Position und den nicht genügend wahrgenommenen Aufgabenbereich des Aktionärs neu zu bestimmen: Wenn ein normatives System ganz offensichtlich so nicht funktioniert, wenn Recht und Wirklichkeit in so hohem Maße auseinanderfallen, wenn der normativen Erwartung keine Realität entspricht, so muß man die Frage stellen, ob die gestellte Aufgabe dem falschen Subjekt zugeordnet ist oder ob nur die Form der Verwirklichung Lücken aufweist.

Wir haben uns daher zunächst einmal mit der Frage zu beschäftigen, welche Aufgaben dem kleinen und mittleren Aktionär im System unserer Wirtschaftsordnung zukommen, ehe wir auf die Organisation dieser Aufgaben zurückkommen können.

1. Die Funktion des Aktionärs im System der Wettbewerbsordnung[63]

a) Aufgabe diese Aktionärs könnte es sein, in seiner Person die Streuung des Eigentums an Produktionsmitteln zu gewähr-

---

[62] Vgl. dazu *Hans A. Land*, Sind Hauptversammlungen noch notwendig und zweckmäßig, in: Handelsblatt vom 11./12. 8. 1972, S. 9. — Vgl. auch *Roth*, Treuhandmodell (Fn. 44), S. 206 ff. mit vielfältigen Nachw. zu den Vorschlägen für eine Abschaffung des Aktionär-Stimmrechts.

[63] Vgl. dazu *Walter Strauss*, Grundlagen und Aufgaben der Aktienrechtsreform, Walter Eucken Institut, Vorträge und Aufsätze, Heft 5, 1960;

leisten und überhaupt die Anlage von kleinen Vermögen in großen Sachgesamtheiten zu ermöglichen, die leichte Verfügbarkeit über solche Vermögensteile durch Kapitalmarkt und Börse zu gewährleisten sowie die Aufbringung von Eigenmitteln für wirtschaftliche Großvorhaben sicherzustellen. Hinzu könnte die weitere Aufgabe kommen, bestimmte Funktionen von Kontrolle in den so gebildeten selbständigen Wirtschaftsunternehmen wahrzunehmen. Denkt man *nur* in diesen Zusammenhängen, so ist jedes System, das eine unabhängige und neutrale Position aufzubauen und im System der Aktiengesellschaft zu halten versteht, dem heutigen System weit überlegen. Gäbe es zum Beispiel statt der vielen Kleinaktionäre nur noch ein System untereinander im Wettbewerb stehender Fonds, würden diese Fonds ausschließlich gewinnorientiert honoriert und würde gleichzeitig die Befugnis der Verwaltung aus § 58 II AktG zur Rücklagenbildung beseitigt, so würde die Konkurrenz um neues Eigenkapital zu höchster Information und rationalster Allokation der Fonds-Mittel führen. Zugleich wäre sachverständige Mitwirkung und Kontrolle in den Wirtschaftsunternehmen über das stark stimulierte Interesse der Fonds und ihrer Manager gewährleistet.

b) Eine solche Sicht von den Aufgaben des Aktionärs ist keineswegs unrichtig, sie ist aber *zu eng.*

Die Ordnung unseres sozialen Systems und insbesondere die Deckung des sozialen Bedarfs durch Wirtschaften beruht in hohem Maße und mit gutem Grund auf *Delegation* und *Dezentralisation.* Denn eben diese Dezentralisation gewährt Freiheit dem Einzelnen und sie sichert Effizienz der Gemeinschaft. Sind die Aufgaben dezentralisiert, so kann es mit den Pflichten nicht anders sein: Das System beruht zugleich auf der Delegation von Verantwortung. Das ist in einigen Bereichen schlechthin evident, dort etwa, wo privates Wirtschaften die Direktion über andere Menschen im Wirtschaftsprozeß bedingt, wird aber in anderen Bereichen und jenseits der gesetzlich normierten Pflichten ebenso klar abgelehnt. Pointiert formuliert handelt es sich um das Problem, ob die Steuerung allgemeiner Belange nur von außen

---

Mestmäcker, Über das Verhältnis von Rechts- und Wirtschaftswissenschaft im Aktienrecht, JuS 1963, S. 417 ff.; *Immenga,* Aktiengesellschaft, Aktionärsinteressen und institutionelle Anleger, Walter Eucken Institut, Vorträge und Aufsätze, Heft 28, 1971, S. 6 ff.

28

durch den Gesetzgeber oder auch aus der Verantwortung des Einzelnen, also aus den gesellschaftlichen Subsystemen heraus zu geschehen hat. Die Antworten hierauf sind von alters her geteilt. Nach der klassischen Vorstellung wird der Freiheitsraum des einzelnen nur durch die Daten des allgemeinen Gesetzes abgesteckt; der so fixierte Rahmen aber kann und soll dann auch unbeschränkt dem Einzelnen zur Verfügung stehen; zeige sich, wie etwa heute bei Fragen der wirtschaftlichen Konzentration, der Aufrechterhaltung von Wettbewerb, des allgemeinen Risikos aus bestimmten Produkten oder deren Herstellung bzw. Beseitigung etc., daß dieser Freiheitsraum de lege lata unzutreffend abgesteckt ist, so müsse er eben — da Ergebnis eines politischen Konsensus — auch durch den politischen Gesetzgeber verändert, mit neuen Daten neu bestimmt werden. Dieser klassischen und bei uns noch durchaus herrschenden Argumentation zugunsten der reinen Außensteuerung von Gemeinschaftsbelangen lassen sich vielfältige Gründe entgegenhalten. Hier seien nur die beiden wichtigsten genannt:

Einmal kann kein System auf ein Minimum an Innensteuerung überhaupt verzichten. Das wird an „offenen" Formulierungen des Gesetzes selbst deutlich, die gemeinhin als Generalklauseln bezeichnet werden: Mit Formulierungen wie „gute Sitten", „Treu und Glauben", „im Verkehr erforderliche Sorgfalt" wird die Entwicklung neuer verbindlicher Daten außerhalb des Gesetzgebungsverfahrens durch Richterspruch oder common sense angeregt und erlaubt[64]. Wer in diesem Bereich die erforderliche Innenkontrolle durch eigenverantwortliches Handeln nicht ernst nimmt, kann bei Nachteilen nicht überrascht sein.

Zum anderen ist jedes, vor allem aber ein demokratisches Gesetzgebungsverfahren seiner ganzen Natur nach, insbesondere infolge seiner hohen Anforderungen an Diskussion und Kompromiß nur zu oft nicht in der Lage, innerhalb einer angemessenen Zeit auf rasch sich verändernde Bedingungen der Gesellschaft und des Handelns in ihr zu reagieren. Beispiele, wie etwa die dringend erforderliche Regelung der Haftung des Herstellers für schädliche Waren oder unsere Unfähigkeit, die Con-

---

[64] *Esser*, Grundsatz und Norm in der richterlichen Fortbildung des Privatrechts, 2. Aufl. 1964, S. 242 ff.

tergan-Tragödie wenigstens äußerlich und innerhalb einer halb-
wegs angemessenen Zeit zu lösen, sprechen für sich. Hier ist
unser System, will es demokratisch *und* zugleich leistungsfähig
bleiben, will es vor endgültigen Lösungen Bedenkzeit haben *und*
zugleich der Gefahr innerer Verantwortungslosigkeit entgehen,
in hohem Maße auf solche Innensteuerung angewiesen: Eine Ab-
wälzung der Verantwortung nur auf den politischen Gesetzgeber ist voller Gefahr. Es zeigt sich, daß Demokratie, nicht nur
im unmittelbaren politischen Rahmen, sondern ebenso im mittelbaren Bereich der gesellschaftlichen Subsysteme auf Mitverantwortung gegründet, *nur aus Mitverantwortung überlebensfähig
ist.*

Schließlich ist die Langwierigkeit demokratischer Legislative
nicht nur zu bedauern, sondern ebenso ist der Vorzug zu sehen,
hierdurch für die Lösung schwieriger Fragen Möglichkeiten des
Experimentes und der Erfahrung zu gewinnen. Solche oft nur
tastenden Versuche setzen die Initiative einzelner, deren Verständnis und deren Mitverantwortung voraus. Wenn etwa heute
über Fragen der Vermögensbildung sachgerechter und auf dem
Hintergrund von Erfahrung diskutiert werden kann, so beruht das auf den Anstößen vieler einzelner, die die unterschiedlichsten Vorstellungen angeregt und in die Wirklichkeit umge-
setzt haben[65].

Insgesamt also genügt die geläufige Trennung von unternehmerischer Freiheit im Rahmen externer Daten der Gesetze nicht
mehr. Die Vorstellung muß nicht überwunden sondern modi-
fiziert werden. Interne, eigenverantwortliche Förderung und
Steuerung von Gemeinschaftsbelangen anzuregen, anzustoßen,
auf ihr zu beharren ist Aufgabe gerade des kleinen Aktionärs.
Denn seine Interessen sind mit den Interessen der Gesellschaft,
die im klassischen Sinne Maximierung ihres Ertrages und Aus-
dehnung ihres Einflusses sucht, nicht so identisch, als daß er nicht
auch noch außerhalb dieser Rolle als Teilhaber denken könnte.
Diese Aufgabe des Aktionärs zu erkennen und anzuerkennen ist

---

[65] Vgl. *Max Wehrli*, Mitbeteiligung der Arbeitnehmer, Problematik und
Erfahrung, Zürich 1969; *Eichele* u. a., Belegschaftsaktien, ein Forschungs-
bericht, erstellt im Auftrag der Forschungsstelle für Betriebswirtschaft und
Sozialpraxis e. V., München 1971; *Max Boemle*, Mitarbeiteraktien, in: Le-
bendiges Aktienrecht, Festgabe für W. F. Bürgi, Zürich 1971, S. 1 ff. — Vgl.
auch *Michael Jungblut*, Nicht vom Lohn allein — elf Modelle für Mitbestimmung und Gewinnbeteiligung, Hamburg 1973.

30

auch dann von großem Gewicht, wenn zugleich die Grenzen solcher Innensteuerung in einer Wettbewerbsordnung deutlich sind[66].

2. Subjekt der festgestellten Funktionen

Wie diese Aufgaben im System der Aktiengesellschaft zu stabilisieren sind, muß später noch erläutert werden. Einige Überlegungen sind jedoch noch der Person des Aktionärs zu widmen, dem u. a. diese Aufgaben in großen Unternehmen zugedacht sind.

a) Wie bereits ausgeführt, ist die vom Gesetz vorgestellte Funktion des Aktionärs in der Publikumsgesellschaft weitgehend ausgefallen. Sie wurde im wesentlichen von den Banken übernommen, jedoch als Position, nicht mit gleicher Funktion, also unter Veränderung der vom Gesetz gedachten Ausgangslage. Sicher sind die Banken zunächst einmal redliche Sachwalter ihrer Auftraggeber. Sie neigen jedoch ganz offenbar — und sei es nur, weil eine differenzierte Haltung ihre Arbeitskraft überschreiten würde — in hohem Maße zur Identifizierung mit der Verwaltung: Sie sind keine erkennbare Gegenkraft zum unabhängigen Management. Spektakuläre Späterkenntnisse von Krisen wie bei der Rheinstahl AG oder bei der Volkswagenwerk AG bestätigen diese Feststellung. Insbesondere werden die Banken ganz offenbar nicht im Sinne meiner These von der erforderlichen Innensteuerung tätig — und können es nach ihrem Selbstverständnis und ihren primären Aufgaben auch gar nicht. Daher kann es nicht verwundern, wenn sich andere gesellschaftliche Kräfte wie etwa die Gewerkschaften mit der Forderung nach paritätischer Mitbestimmung und deren Begründung für eben diese Aufgaben zur Verfügung halten und ihrerseits das Gemeinwohl und das Allgemeininteresse okkupieren[67, 68]. Und dies, obwohl sie in großen Unternehmen viel

[66] Für eine Stärkung der Aktionäre als gesellschaftsinterner Machtfaktor tritt *Grossfeld*, a. a. O. (Fn. 14), S. 190 ff., 200 gerade unter wettbewerbspolitischen Gesichtspunkten mit Nachdruck ein.
[67] Vgl. „Mitbestimmung — eine Forderung unserer Zeit", Denkschrift des Bundesvorstandes des Deutschen Gewerkschaftsbundes, 1966, sub. A III u. IV (abgedruckt bei *Nemitz-Becker*, Mitbestimmung und Wirtschaftspolitik, 1967, S. 289 ff. und bei *Schwerdtfeger*, Mitbestimmung in privaten Unternehmen, Aktuelle Dokumente, 1973, S. 90 ff.).
[68] *Wiethölter*, a. a. O. (Fn. 3), S. 331, weist in diesem Zusammenhang mit Recht darauf hin, daß bei Zustimmung zu der von den Banken über das

stärker als der Kleinaktionär Betroffene, Interessenten oder
doch Vertreter von Interessenten sind.

b) Daher gilt es, die mit dem Unternehmen besonders verbundenen, an ihm stark interessierten und somit motivierten
Personen für die Stellung des Aktionärs zu gewinnen: seine
Arbeitnehmer. Hält man paritätische Mitbestimmung allein
wegen ihrer Konzentration auf organisierte Interessen weder
für eine Lösung sozialpolitischer Fragen[69] noch für eine Möglichkeit, im heutigen System unserer Wirtschaft Wettbewerb und
Effizienz zu gewährleisten, so bedeutet das keineswegs, daß damit der status quo im Ungleichgewicht der Organisation Aktiengesellschaft konserviert werden müßte. Darüber hinaus wird
immer mehr deutlich, daß die bisher allein am Lohn orientierte
Tarifpolitik sowohl eine Gefahr für das gesamtwirtschaftliche
Gefüge sein kann als auch den Arbeitnehmer gerade in der so
häufig apostrophierten Objektstellung hält. Beides, vor allem
aber die Veränderung der Beziehungen von Arbeitgeber und
Arbeitnehmer aus den Schranken eher sozial-patriarchalischer,
im übrigen am Freund-Feind-Bild orientierter Denk- und Ver-
haltensformen zu erreichen, sind Aufgaben von hohem Rang.
Eine Möglichkeit zur Förderung dieser doppelten Aufgabe ist
der Aktionär, nicht als Person sondern als Element der Integration, der Organisation und der Ordnung.

c) Mit der rechtlichen und tatsächlichen Verselbständigung
der Gesellschaft gegenüber ihren Aktionären hat nicht nur diese
Unabhängigkeit und Handlungsspielraum gewonnen, sondern
auch der Aktionär im Verhältnis zu ihr. Es unterliegt daher
auch gar keinem Zweifel, daß der Aktionär wie jeder Dritte
beliebige Geschäftsbeziehungen zu „seiner" Gesellschaft pflegen
kann. Dieses Element der Integration bei zugleich fortdauernder
Offenheit für Drittbeziehungen ist hervorragend geeignet, die
emotionale und sachliche Divergenz zwischen Arbeitnehmer und

Vollmachtsstimmrecht ausgeübten „Mitbestimmung" eine Mitbestimmung der
Arbeitnehmer nicht unter Hinweis auf das fehlende Risiko (mangels Beteiligung am Unternehmen) abgelehnt werden kann.

[69] Weshalb die überbetriebliche Mitbestimmung den Arbeitnehmer aus
seiner „Objektstellung" im Unternehmen lösen und ihn zum Subjekt von
Mitverantwortung und demokratischer Mitentscheidung werden lassen soll,
ist nur schwer einzusehen: Auch wenn Repräsentation unabdingbar ist, führt
die oft zu beobachtende Betriebs- oder Unternehmensferne des Repräsentanten doch wiederum zu Fremd- statt Selbstbestimmung.

Arbeitgeber zu verringern: Der Arbeitnehmer als Mitaktionär hält nicht nur Vermögen und ist an dessen Zuwachs beteiligt — das ließe sich auch in anderer Weise durch Globalmaßnahmen erreichen — sondern ist Träger von Mitverantwortung und in seiner Person zugleich Teil der Gegenseite. Bei sachlich unverändert fortbestehenden Drittbeziehungen — Arbeitsverhältnis zur Gesellschaft mit allen sozialen Sicherungen — wird doch zugleich dieses Verhältnis in seinem individuellen Charakter notwendig dadurch verändert, daß der Arbeitnehmer als Aktionär an Mitverantwortung und Mitentscheidung teilhaben kann.

d) Ein weiteres kommt hinzu. Parameter unserer Wettbewerbsordnung ist der Erfolg des Unternehmens am Markt, endgültig sein Ertrag. Schon deshalb, aber auch zur Sicherung der Innovation durch Investition sowie zur Verzinsung und damit richtigen Allokation der Mittel ist dieser Ertrag unabdingbar. Damit ist aber noch nicht gesagt, daß eben dieser Ertrag immer und in voller Höhe nur einem vergleichsweise kleinen Kreis von industriellen Eigentümern, eben den Aktionären und Gesellschaftern in ihrer historisch entwickelten Struktur zufließen muß. Im Streit darüber standen bislang vor allem höhere Löhne und höhere Steuern zur Disposition; sie waren ohne Ergebnis und hatten Folgen — Überwälzung als Kosten beim Unternehmen und Überleitung der Steuern in den Konsum —, die auch bei einer allgemeinen und zwangsweisen *Ertragsabgabe* nicht anders begriffen und damit keine grundlegende Änderung bewirken würden. Offenbar einzige Form zur Überwindung dieses Problems im System selbst ist die möglichst breite Streuung der Aktien auch und gerade unter die Arbeitnehmer, um sie auf diese Weise am Ertrag mittelbar und unmittelbar zu beteiligen: Die Fragen zur Höhe, Sicherung, Besteuerung etc. des Ertrages müssen von dem Problem seiner Verteilung getrennt und das letztere durch Streuung gelöst werden. Dabei müssen jedoch im Hinblick auf die früheren Erwägungen die eigenen Arbeitnehmer des jeweiligen Unternehmens im Mittelpunkt stehen und gewisse Vorsorgen vor einer dauernden Rekonzentration getroffen werden.

e) Auch bislang wurden Arbeitnehmeraktien ausgegeben, zum Teil in sehr beträchtlichem Umfange, vor allem bei den Chemiegesellschaften, den Elektrogesellschaften und den stromerzeugenden Gesellschaften[70]. Diese Ausgaben haben noch nicht signifikant in der hier angedeuteten Richtung gewirkt, sondern sind meist als eine der vielen Formen von Sozialzuwendungen verstanden worden. Das spricht jedoch nicht gegen die hier vorgetragene These. Denn auf diese Weise wird nur der Mangel im Verständnis und in der Organisation der Aufgaben des Aktionärs deutlich. Daher genügt es nicht, Möglichkeit und Aufgabe zu sozialer Integration des Arbeitnehmers in der Figur des Aktionärs zu bejahen, sondern es bedarf auch hier der Aktualisierung verschiedener Möglichkeiten, um die Befugnisse des Aktionärs diesen Aufgaben anzupassen oder sie auf diese auszurichten. Darüber wird sofort zu handeln sein.

3. Zusammenfassung

Neben seinen fortbestehenden Aufgaben zu rationaler Allokation seiner Mittel, zur Orientierung der Geschäftspolitik und deren Kontrolle sowie zur Aufrechterhaltung einer, trotz hohen Kapitalbedarfes dezentral aufgebauten Wirtschaftsordnung beizutragen — und das alles nicht nur im Sinne persönlichen Interesses sondern auch als Element der allgemeinen Wirtschaftsordnung —, ist es Aufgabe des Aktionärs, die Diskussion um die Setzung interner Daten für das allgemeine Verhalten der Gesellschaft in der sozialen Gemeinschaft zu gewährleisten und — in der Person des Arbeitnehmeraktionärs — eine der Möglichkeiten auszufüllen, den Graben zwischen Arbeitnehmer und Arbeitgeber im Unternehmen individuell einzuebnen statt ihn durch kollektive Maßnahmen wie paritätische Mitbestimmung oder globale Gewinnabgabe nur abzudecken[70a].

Geht man von dieser Sicht der Aufgaben des Aktionärs aus, so ist man zugleich auf ihn persönlich angewiesen. Eine noch so schlagkräftige Investmentorganisation allein würde diesen Auf-

[70] Bei SIEMENS, BASF und der BAYER AG ist jeder 4. Arbeitnehmer auch Aktionär, bei RWE jeder 2., bei der Dresdner Bank und der Commerzbank sind es gar über 60 % der Belegschaft. Insgesamt gab es Ende 1972 ca. 400 000 Belegschaftsaktionäre = 12 % aller Aktionäre. Vgl. auch *Vievegge*, Belegschaftsaktien — Verschmelzung von Kapital und Arbeit, BUV (Betriebs- und Unternehmensverfassung) 1972, S. 188 ff. mit Angaben zu den Belegschaftsaktien bei der HEW (Hamburgische Electricitäts-Werke) sowie *Eichele*, a. a. O. (Fn. 65).
[70a] Zum bislang gerne übersehenen Zusammenhang zwischen Mitbestimmung und Vermögensbildung in Arbeitnehmerhand durch Beteiligung an industriellem Eigentum vgl. *Mestmäcker*, Mitbestimmung und Vermögensverteilung, FAZ Nr. 167 vom 21. 7. 1973, S. 15.

gaben nicht genügen[71], ja würde die vorgestellten Funktionen verfehlen und in ihr Gegenteil verkehren. Auch deshalb sind Vorstellungen zur Vermögensbildung in der Hand von Arbeitnehmern auf der Grundlage zentral gesteuerter Fonds — so z. B. die Vorschläge des SPD-Parteitages 1973 — dem Verständnis von Eigentum als personalem Freiheits- und Verantwortungsbereich diametral entgegengesetzt — von der Schaffung unerhörter Machtzentren, der Aufgabe unserer Freiheitsgarantie aus dezentralen Strukturen und der Verfehlung aller hier vorgestellter Ziele ganz abgesehen.

Geht es aber, wie dargelegt, um die Person des Aktionärs, dann sind Maßnahmen erforderlich, die sein Interesse an eben diesen Aufgaben gewährleisten. Denn macht man eben dieses Interesse zum Ausgangspunkt der Organisation einer Wirtschaftsordnung und der in ihr tätigen Unternehmen, so kann man nicht Altruismus vom schwächsten Glied erhoffen, ohne das System zu gefährden. Das aber ist, wie die Analyse der Befugnisse im Hinblick auf seine Aufgaben ergab, heute in der Gestalt des kleinen und mittleren Aktionärs in hohem Maße der Fall: Stattdessen sollte die Rechtsordnung eine Lage schaffen und aufrechterhalten, in welcher der Aktionär im *eigenen Interesse* die von eben dieser Rechtsordnung gewünschte Haltung einnimmt. Es geht noch immer darum, Bedingungen herzustellen, die den Erfolg — das gewünschte Verhalten des Aktionärs — wahrscheinlich machen[72]. Dabei haben Aktions- und nicht nur Kontrollmöglichkeiten im Vordergrund zu stehen[73]. Zuständigkeit

---

[71] Grundsätzlich anders *Roth*, Treuhandmodell (Fn. 44), S. 332 ff., der die Rolle des einzelnen Aktionärs in der großen Gesellschaft in einem ausgewogenen System von check and balances für nicht wieder herstellbar hält und daher gerade für die Entwicklung einer Gegenkraft im Treuhandmodell des Investmentrechts plädiert (a. a. O., S. 335 ff.).

[72] *Grossfeld,* a. a. O., (Fn. 14), S. 205, unter zutreffendem Hinweis auf *v. Ihering,* Der Kampf ums Recht, S. 48.

[73] Kontrollrechte sind Reaktions-Rechte; schon psychologisch befindet sich der Aktionär als Kontrolleur zu stark in der „Meckerecke". Daher sollte das Schwergewicht nicht zu sehr auf die Betonung dieser Rechte, sondern ebenso auf die Möglichkeit der konstruktiven Mitwirkung und Mitentscheidung gelegt werden. In der Tendenz anders *Flume*, a. a. O. (Fn. 12), S. 15; *Grossfeld,* a. a. O. (Fn. 14), S. 200; *Kutzenberger*, Mitbestimmung der Aktionäre, Berlin 1964, S. 123. Zutreffend betont demgegenüber *Walter Strauss*, Die Rechtsstellung des Aktionärs, a. a. O. (Fn. 14), S. 15 ff., 21 die Möglichkeit des Aktionärs, auch unternehmerische Entscheidungen zu treffen, soweit die Rechtsordnung nur diese entsprechenden Voraussetzungen (Information, Interessen etc.) dafür schafft.

und Verantwortung des Vorstands für die Leitung der Gesellschaft werden hierdurch nicht tangiert, sondern den normierten Intentionen des Gesetzes selbst angepaßt; wenn aber auf diese Weise die Entscheidungen des Vorstandes und ggf. auch die des Aufsichtsrates offener, transparenter werden müssen, so ist das nur als Vorzug zu begrüßen.

IV
Maßnahmen zur Sicherung des Aktionärsinteresses

Folgt man dieser Zielsetzung in Aufgabe und Person des Aktionärs, so sind die folgenden Maßnahmen erforderlich, um die Person und ihr Interesse an der Aufgabe zu gewinnen:
   a) Die Umwandlung der heutigen Hauptversammlung in eine Delegiertenversammlung.
   b) Eine Veränderung in der Zusammensetzung des Aufsichtsrats durch eine Änderung des Wahlmodus.
   c) Die nachdrückliche Förderung der Ausgabe von Arbeitnehmeraktien unter gleichzeitiger Einrichtung von Aktionärsgemeinschaften der Arbeitnehmer.
   d) Die Anerkennung eines weiten, auch den allgemeinen Bereich der Geschäftspolitik im weitesten Sinne umfassenden Fragerechts des Aktionärs.
   e) Die Trennung der Universalbanken in Geschäftsbanken und Wertpapierbanken.

1. Delegiertenversammlung statt Hauptversammlung der großen Aktiengesellschaft

a) Eine Einrichtung, die auch nur in der Theorie den Anspruch erhebt, Versammlung von einigen hunderttausend Personen zu sein, muß gravierende Mängel haben. Dabei ist noch nicht einmal entscheidend, daß sich — wie nicht anders zu erwarten — in der Form des Vollmachtsstimmrechts der Banken ein Subsystem gebildet hat, das überhaupt erst die Funktionsfähigkeit dieses Systems garantiert. Das aber ist — entgegen vielfachen Mißverständnissen — noch keineswegs ein Wert sondern allenfalls eine Notlösung. Entscheidend für unsere Überlegungen ist allein, daß *dieses System* das Interesse des Einzelaktionärs an Teilhabe ganz notwendig beseitigen muß; denn er weiß, daß es sich nicht mehr um Versammlungen handelt, die ihre Entscheidungen aufgrund offener Diskussion finden, sondern — was die *Entscheidungsfindung* angeht — um die Abhaltung eines Rituals: Das Ergebnis steht längst fest[73a]. Diese Situation würde beseitigt, wenn die Hauptversammlung von den Mitgliedern her gestrafft und ihre Befugnisse auf eine Delegiertenversammlung mit z. B. 50 oder maximal 100 Mitglieder überginge[74]. Eine solche Versammlung könnte relativ kurzfristig zusammentreten und auch häufiger tagen und wäre damit in der Lage, die den Aktionären zugedachten Aufgaben bei Grundentscheidungen zur Geschäftspolitik auch jeder Zeit wahrzunehmen. Das Gewicht, das Interesse und die Kenntnisse der Delegierten der Arbeitnehmeraktionäre kämen in dieser Versammlung zu voller Geltung.

Die Mitglieder dieser Delegiertenversammlung würden durch Wahl aus der heutigen Hauptversammlung auf die Dauer von vier bis fünf Jahren bestellt; dabei wäre durch entsprechende Wahlregeln — vor allem Verhältniswahlrecht oder Mehrheitswahlrecht mit cumulativ voting — sicherzustellen, daß auch kleinere Gruppen von Aktionären eine Chance haben, Repräsentanten in diese Delegiertenversammlung zu entsenden[75]. Auf diese Versammlung würden alle Aufgaben der bisherigen Hauptversammlung während der Wahlperiode übergehen[76] mit Ausnahme bestimmter Grundentscheidungen wie z. B. Auflösung der Gesellschaft oder Änderung ihres Gegenstandes.

Dem einzelnen Aktionär, der nicht selbst Mitglied der Delegiertenversammlung ist, könnten Teilnahme- und Rederecht in der Delegiertenversammlung daneben durchaus verbleiben.

Da die Gesellschaften auf diese Art und Weise die hohen Kosten der Hauptversammlungen über einige Jahre hinweg

---

[73a] So auch H. O. *Eglau*, Ritual der Ohnmächtigen — Der Kleinaktionär in der Hauptversammlung: schlecht informiert und ohne Einfluß, in: DIE ZEIT Nr. 36/73 vom 31. 8. 73, S. 26.
[74] Vgl. § 43 a GenG. i. d. F. des Gesetzes vom 12. 10. 1973, BgBl. I, 1451. — Zur Vertreterversammlung vgl. *Wiethölter*. a. a. O. (Fn. 3), S. 94 ff. und vor allem *Püttner*, Das Depotstimmrecht der Banken, Berliner juristische Abhandlungen, Bd. 7, Berlin 1963, S. 140 ff. Kritisch zu der Möglichkeit, durch eine Delegiertenversammlung die Aktionäre zu aktivieren, *Grossfeld*, a. a. O. (Fn. 14), S. 206 sowie mit allgemeinen Erwägungen *Kropff*, Besprechung des Buches von Püttner, ZHR 128 (1966), S. 137, 139 f.
[75] Vgl. dazu im Text unten Ziff. 2 sowie die Nachw. in Fn. 78.
[76] In diesem Zusammenhang könnte der Gedanke von *Kutzenberger*, a. a. O. (Fn. 73), S. 197 ff., zur Aktivierung der Hauptversammlung und der Aktionäre ständige Ausschüsse einzurichten, leicht verändert fruchtbar werden, indem eben diese Delegiertenversammlung zur Vorbereitung wesentlicher Fragen ständige oder besondere Ausschüsse einrichtet.

sparen könnten, wäre es unschwer möglich, die Mitglieder der Delegiertenversammlung von allen Unkosten der Reise und des Zeitverlustes freizustellen: Auch dadurch könnte das Interesse gesichert werden. Im übrigen aber müßte festgelegt sein, daß für die Tätigkeit ein Entgelt nicht geleistet werden darf.

b) Diese Sicht gilt auch dann noch, wenn man in der heute üblichen Öffentlichkeit ihrer Diskussionen, in ihrem Charakter als einem Forum mit weiter Resonanz, in der Publizität ihres Geschehens und damit auch im öffentlichen Eindruck von der Überzeugungskraft oder dem Mangel an Argumenten, der Leistungsfähigkeit oder der Schwäche, des Durchsetzungsvermögens oder der Konzeptionslosigkeit der jeweiligen Mitglieder der Verwaltung die besondere Bedeutung der *Hauptversammlung* einer großen Aktiengesellschaft sieht[76a]. Denn diese Funktion wird durch den Übergang auf eine Vertreterversammlung mit Teilnahme- und sogar Rederecht der übrigen Aktionäre nicht berührt. Im übrigen aber wird durch diesen Vorschlag der Tatsache Rechnung getragen, daß — von diesen Fragen unabhängig — diese Hauptversammlung in erster Linie Organ der Gesellschaft ist, mit unternehmerischen Entscheidungsbefugnissen, allgemeinen Mitwirkungsrechten und speziellen Kontrollaufgaben, die weit über die Rechte eines allgemeinen Grundorgans hinausgehen, das nur den Rechenschaftsbericht entgegennimmt und diskutiert.

2. Zusammensetzung des Aufsichtsrats

Die Wahl zum Aufsichtsrat ist mit die wichtigste Form der Mitwirkung von Aktionären am allgemeinen Gang ihrer Gesellschaft. Dennoch haben sie gerade auf diesen Vorgang nicht den geringsten Einfluß. Wen sollte es da überraschen, wenn das so wichtige Interesse des Aktionärs erlahmt oder durch wenige, die dann immer als Minorität agieren, substituiert wird? Man verlangt vom Aktionär Mitwirkung und beseitigt zugleich sein Interesse, indem man ihm seine Einflußlosigkeit vor Augen hält. Diese Lage ändert sich zum Teil schon mit Einführung einer Vertreterversammlung. Aber das genügt nicht und muß auch nicht abgewartet werden. Entscheidend ist die Änderung des

---

[76a] Vgl. dazu *Barz*, a. a. O. (Fn. 49), § 118, Anm. 4 und *Flume*, a. a. O. (Fn. 12), S. 14 ff., 31 f.

Wahlmodus zum Aufsichtsrat, der heute immer nur der Mehrheit eine selbständige Chance gibt. Warum eigentlich sollen von den vielen hunderttausend Aktionären bei VW nur Bund und Land Niedersachsen über die personelle Zusammensetzung des Aufsichtsrats bestimmen, warum bei über einer Million Aktionären der VEBA nur der Bund? Weshalb soll diese Zusammensetzung — von Wahl kann nicht ernsthaft gesprochen werden — bei den großen und „reinen" Publikumsgesellschaften immer nur zwischen der Verwaltung — wobei es gleichgültig ist, ob dabei der Aufsichtsrat selbst oder gar der Vorstand ein Übergewicht in der Bestimmung hat — und einigen Banken ausgehandelt werden? Kurz: Nach § 133 II AktG kann die Satzung für Wahlen vom Prinzip der Beschlußmehrheit abgehen und andere Bestimmungen treffen[77]. Diese Möglichkeit sollte von Publikumsgesellschaften in der Weise aktualisiert werden, daß für Aufsichtsratswahlen das Verhältniswahlrecht, mindestens aber im System des Mehrheitswahlrechts das sogenannte cumulativ voting durch die Satzung eingeführt werden[78]. Beide Formen sind bereits de lege lata möglich[79]. Soweit die Literatur unter Hinweis auf die Gesetzesmaterialien, aber entgegen dem klaren Wortlaut des Gesetzes lehrt[80], eine solche Regelung der

---

[77] Das ist bisher nur in einem mir bekannten Falle, dem der Firma Berger-Bau-Boag AG, Wiesbaden, geschehen. Eine ähnliche Gestaltung wurde vor kurzem in die Satzung der Industriewerke Karlsruhe AG aufgenommen.

[78] Dieser Vorschlag ist nicht neu; er wurde — nach vergeblichen Ansätzen während der Aktienrechtsreform 1965 — vor allem von meinem Mitarbeiter *Overrath* (Minderheitsvertreter im Aufsichtsrat, in: Die AktG 1970, 219 ff.) erneut vorgetragen und begründet, gehört zum „Programm" der Schutzvereinigung für Wertpapierbesitz e. V. (DB 1969, 1234 = Wp 1969, 331 ff.) und scheint jetzt auch bei dem Sprecher der Deutschen Bank, *Ullrich*, Anklang gefunden zu haben (vgl. „Manager" (Fn. 47) S. 41 ff., und Hauptversammlungs-Stenogramm der Daimler-Benz AG, in: Blick durch die Wirtschaft (FAZ) vom 16. 10. 1972, S. 5). Vgl. auch *Rasch*, Minderheitenschutz im Konzernrecht, Wertpapier 1968, S. 592 ff. und *C. E. Fischer*, Minderheitenvertreter im Aufsichtsrat, NJW 1958, S. 1265 ff.

[79] *Zöllner*, a. a. O. (Fn. 48), § 133 Anm. 94 (auf den *Mertens*, ibid., § 101 Anm. 14 auch für § 101 verweist); *Godin-Wilhelmi*, a. a. O. (Fn. 53), § 133 Anm. 5; *Möhring-Tank*, Handbuch der Aktiengesellschaft, Rz 271.

[80] So *Baumbach-Hueck*, a. a. O. (Fn. 53), § 101 Anm. 4; *Meyer-Landrut*, Großkommentar zum AktG, 3. Aufl., § 104 Anm. 4; *Obermüller-Werner-Winden*, Die Hauptversammlung der Aktiengesellschaft, 3. Aufl., 1967, S. 253 f. In den Gesetzesberatungen wurde seinerzeit nur eine Absicherung der Vertretung von Aktionärsminderheiten im Aufsichtsrat durch ein entsprechendes *Entsendungsrecht* abgelehnt; vgl. die Begründung zu § 98 des Regierungsentwurfes zum AktG 1965, abgedruckt bei *Kropff*, Aktiengesetz 1965, S. 138.

Satzung sei nicht zulässig, verkennt sie sowohl den Inhalt als vor allem auch das Gewicht dieser Materialien für ein funktionales Normverständnis.

3. Arbeitnehmer-Aktionäre

Das Aktiengesetz erlaubt der Verwaltung ausdrücklich die Ausgabe von Arbeitnehmeraktien, §§ 71 I Nr. 2, 192 II Nr. 3 AktG. Soweit keine Kapitalerhöhung erforderlich ist, kann die Verwaltung dabei ohne Mitwirkung der Hauptversammlung vorgehen; darüber hinaus kann sie — was einzelnen Aktionären gegenüber ausgeschlossen ist[81] — auch recht erhebliche Zugeständnisse beim Erwerbspreis bewilligen[82]: Das Gesetz selbst fördert — wie dargetan nur sehr vordergründig zu Lasten der bisherigen Aktionäre — die Aufnahme der Mitarbeiter in den Kreis der mediatisierten Mitunternehmer. Von diesen Möglichkeiten sollte in weitem Umfange Gebrauch gemacht werden. Für den einzelnen Arbeitnehmer ist die Zeichnung solcher Aktien darüber hinaus sowohl steuerlich begünstigt[83] als auch staatlich gefördert durch die Möglichkeit, bei entsprechender Festlegung sowohl die Sparprämie als auch die Vergünstigungen nach dem Vermögensbildungsgesetz in Anspruch zu nehmen[84].

Dennoch muß die Ausgabe solcher Arbeitnehmeraktien solange — von der reinen materiellen Zuwendung abgesehen — allgemein und von den hier genannten Aufgaben her wirkungslos bleiben, als die Aktie nicht gleichzeitig auch einen gewissen Einfluß des Arbeitnehmers sicherstellt. Dieser Einfluß ist in der Vereinzelung des Arbeitnehmer-Kleinaktionärs ausgeschlossen. Hier sollte auch von Seiten der Verwaltung mit Nachdruck die Gruppenbildung angeregt und gefördert werden, indem etwa —

---

[81] Vgl. *Klette*, Der Emissionskurs beim genehmigten Kapital, BB 1968, S. 977 ff.; *derselbe*, Die Rechtsfolgen eines zu niedrigen Emissionskurses beim genehmigten Kapital, BB 1968, S. 1101 ff.

[82] *Lutter*, in: Kölner Kommentar zum AktG, § 71 Anm. 25 und § 204 Anm. 31 ff., 34.

[83] Ein von der Aktiengesellschaft als Arbeitgeberin dem Arbeitnehmer bei der Überlassung von Arbeitnehmeraktien gewährter Kursvorteil ist nach § 8 des „Gesetzes über steuerrechtliche Maßnahmen bei der Erhöhung des Nennkapitals aus Gesellschaftsmitteln und bei der Überlassung von eigenen Aktien an Arbeitnehmer" i. d. F. vom 10. 10. 1967 nicht lohn- bzw. einkommensteuerpflichtig, soweit der Kursvorteil nicht höher ist als die Hälfte des Kurswertes und im Kalenderjahr DM 500 für den einzelnen Arbeitnehmer nicht übersteigt. Vgl. zu weiteren Fragen Dieter *Haas*, Lohnsteuer bei der Ausgabe von Belegschaftsaktien, ZRP 1969, S. 152 ff.

[84] § 2 I lit. d) des 3. Vermögensbildungs-Gesetzes.

40

zusammen mit dem Betriebsrat — eine Arbeitnehmer-Aktio-
närsgemeinschaft organisiert und die Arbeitnehmer auf Möglichkeiten und Vorteile des Beitritts bei Zeichnung von Aktien
hingewiesen werden. Nach dem bisher Gesagten steht außer
Frage, daß sich die Verwaltung zugleich strikt auf solche An-
regungen beschränken muß und jeden Anschein zu vermeiden
hat, etwa für sich selbst Einfluß in diesen Vereinigungen an-
streben zu wollen.

Verbunden mit den Vorschlägen zur Delegiertenversammlung
und zur Änderung des Wahlrechts für den Aufsichtsrat würden
solche Gruppen für den erforderlichen Einfluß, für die Gewiß-
heit um Einfluß und damit für das erforderliche Interesse und
Engagement der Arbeitnehmer-Aktionäre an den Aufgaben der
Gesellschaft sorgen[85].

Diese Vorstellungen mögen sich zunächst so anhören, als rate
man der Verwaltung, selbst das Messer zu schleifen, das ihr als-
bald in den Rücken gestoßen werden soll. Eine solche Betrachtung wäre jedoch ganz und gar verfehlt. Denn längerfristig ist
es gerade der Arbeitnehmer-Aktionär, der am stärksten an
Stabilität *und* Entwicklung seines Unternehmens interessiert ist
und der für Kommunikation über die Fronten hinweg sorgen
kann. Nur auf diese Weise — nicht mit kleinen Vermögenszu-
wendungen allein — läßt sich die Polarität im Verhältnis Arbeitgeber — Arbeitnehmer reduzieren und in Mitverantwortung verwandeln.

4. Die Debatte der Aktionäre

Von besonderem und ganz anderem Gewicht ist die Vorstellung von der „politischen" Debatte in der Hauptversammlung
einer Aktiengesellschaft. Daß darunter weder Quasi-Wahlver-
sammlungen noch allgemeine Demonstrationen zu verstehen
sind, wurde bereits betont: Es geht um die Aktualisierung der
allgemeinen Gesichtspunkte aus dem notwendig die Allgemeinheit betreffenden Handeln der Gesellschaft. Grundlage einer
Debatte hierüber kann nur das Auskunftsrecht des Aktionärs
nach § 131 AktG sein. Dieses Recht besteht jedoch nur, soweit es
zu sachgemäßer Beurteilung eines Verhandlungsgegenstandes er-

---

[85] Weitere Voraussetzungen für einen dauerhaften Erfolg bei der Ausgabe von Belegschaftsaktien wie z. B. Beschränkung des finanziellen Risikos
der Arbeitnehmer erörtert *Boemle*, a. a. O. (Fn. 65), S. 8 ff.

forderlich ist. Ansatzpunkte hierfür können nähere Erläuterungen zum Jahresabschluß und zum Geschäftsbericht der Gesellschaft oder die Debatte zur Entlastung der Verwaltung sein. Bei einer solchen allgemeinen Diskussion handelt es sich eher um Überlegungen zum künftigen Verhalten der Gesellschaft, weniger um solche zur Rechnungslegung. Auch können Beschlüsse der Hauptversammlung wegen § 172 allenfalls zu letzterem Gegenstand — und auch da nur, soweit nicht § 119 II AktG entgegensteht — nicht aber zum Jahresabschluß gefaßt werden. Damit scheidet die Erörterung des vorgelegten Jahresabschlusses als Ansatzpunkt für diese Debatte aus, so daß nur die regelmäßige Erörterung im Zusammenhang mit der Entlastung der Verwaltung bleibt. Bei dieser Entlastung geht es nicht nur um Ordnungsmäßigkeit; Billigung der Geschäftsführung ist auch Billigung der Geschäftspolitik, so wie sie aus dem bisherigen Verhalten der Verwaltung resultiert und damit auch für die Zukunft angenommen werden kann. Gerade die Tatsache, daß die Entlastung keine Auswirkung für Haftungsfragen hat, zeigt, daß sie auf höherer Ebene angelegt ist als eine Debatte nur über Fragen der *Korrektheit* in der bisherigen Geschäftsführung. Damit sind alle Fragen hierzu durch § 131 AktG gedeckt, soweit sie nur darauf abzielen, Geschäftspolitik und Haltung der Verwaltung gegenüber diesen allgemeinen Belangen zu ermessen.

Die Richtigkeit dieser Analyse ergibt sich im übrigen auch aus § 76 AktG mit den Pflichten des Vorstandes zu eigenverantwortlicher Leitung der Gesellschaft. Diese allgemeine Pflicht wird in verschiedenster Weise konkretisiert, nicht zuletzt durch Art. 14 II GG, wonach Eigentum verpflichtet und seine Verwendung dem allgemeinen Wohl zu dienen hat. Diese Rechtspflicht ist um so relevanter, je stärker eine Gesellschaft Eigentum in sich bindet[86] und sowohl damit als auch in anderer Weise erheblich auf das Gemeinwohl einwirkt. Zwar handelt es sich hierbei — mangels besonderer gesetzlich ausgeformter Tatbestände — nur um eine Rechtspflicht ohne unmittelbare Sanktion, so daß der Vorstand nicht etwa mit der Behauptung, durch

---

[86] Die BAYER AG band am Ende des Geschäftsjahres 1972 ein Vermögen von *8,5 Mrd.* DM (Bericht über das Geschäftsjahr 1972, S. 56), die BASF AG allein zum Ende des Geschäftsjahres 1972 über *7,2 Mrd.* DM, als BASF-Gruppe aber bereits über 12,5 Mrd. DM (Bericht über das Geschäftsjahr 1972 und Jahresabschlüsse 1972).

42

die Anlage eines weiteren umweltbelastenden Werkes im Ruhr-
gebiet pflichtwidrig gehandelt zu haben, auf Schadenersatz in
Anspruch genommen werden kann; dennoch kann die Debatte
darüber durchaus zu einer Verweigerung der Entlastung führen;
denn Billigung der Geschäftsführung ist eben wesentlich mehr
als nur die Abwesenheit vorwerfbarer Mängel in der Verwaltung.

Als Abschluß dieser Debatte kommt dann auch ein Beschluß
in Betracht, der die Verwaltung im allgemeinen entlastet, jedoch
nicht im Hinblick auf ihre Vorstellungen zur Frage X oder zum
Problem Y: Es sollte also nicht die Zwangslage entstehen, trotz
eines Punktes, über den abweichende Vorstellungen bestehen,
doch zur Gesamtentlastung oder wegen *nur* dieses Punktes insgesamt zur Verweigerung der Entlastung zu kommen. Ein
solcher Teilentlastungsbeschluß ist schon de lege lata zulässig[87].
Wenn Entlastung und Verweigerung der Entlastung Beschluß-
inhalt sein können, so ist auch jede Abstufung zwischen diesen
beiden Aussagen möglich. Und Billigung der Verwaltung der
Gesellschaft durch die Mitglieder des Vorstandes und des Aufsichtsrats (§ 120 II AktG) im allgemeinen bedeutet nicht, daß
darüber entweder die Mißbilligung von Einzelaspekten ka-
schiert oder die generelle Billigung vergessen werden müßte.

Die Abgrenzung zwischen zulässiger Erörterung im Sinne
eines Anspruchs darauf (Auskunftsrecht) und Diskussionen, die
von der Leitung der Hauptversammlung unterbunden werden
können, sind in der Theorie vergleichsweise leicht zu finden.
Denn alles, was mit der Tätigkeit der Gesellschaft und damit
auch mit der der Verwaltung zusammenhängt, gleich ob es sich
um Produkte und deren Entwicklung und Gestaltung, um Ex-
port oder unmittelbares Engagement im Ausland, um Konzentration oder Kooperation, um Lohn- und Sozialpolitik handelt:
All das ist Gegenstand der Geschäftsführung und damit Teil der
Debatte über die Entlastung und kann somit erfragt und erörtert werden.

Daß auch dieses Recht, wie jedes, durch den Rahmen seiner
Funktion (Handeln der Gesellschaft und ihrer Organe) begrenzt wird und keinem Mißbrauch offensteht, bedarf allenfalls der Erinnerung.

---

[87] Ebenso *Barz*, a. a. O. (Fn. 49), § 120 Anm. 20; a. A. *Zöllner*, a. a. O.
(Fn. 48), § 120 Anm. 37.

Weil das so ist und so auch notwendig ist, wird zugleich noch einmal deutlich, wie wichtig der Übergang von der allgemeinen Hauptversammlung zur Delegiertenversammlung ist: Sie intensiviert die Debatte und gibt die praktische Möglichkeit, zwischen Debatte und Abstimmung wieder ein reales Verhältnis herzustellen. Damit zugleich wird der Debatte ein Teil ihrer heute nutzlosen Schärfe genommen; der Kritiker muß nicht wie heute notwendig in der Minderheit bleiben.

5. Wertpapierbanken

a) Das Problem Universalbanksystem oder Trennung in Geschäftsbanken und Wertpapierbanken kann hier nicht in seiner vollen Breite aufgerollt werden. Viel Überzeugendes ist dazu schon gesagt worden und hat bisher wenig Resonanz im politischen Raum gefunden. Das wird sich durch diese Überlegungen zur Struktur der Aktiengesellschaft, zu den Aufgaben ihrer Aktionäre und zu deren Beratung durch spezialisierte und hochmotivierte Institute im Augenblick nicht ändern. Immerhin: Sollte uns der Gemeinsame Markt weiter gelingen, sollten die schwierigen innen- und wirtschaftspolitischen Fragen der Mitgliedsländer nicht seine politische Kraft zu einheitlichen Lösungen aufzehren, so wird auch diese Frage im Rahmen der Gemeinschaft künftig zu bedenken sein. Soviel liegt jedenfalls auf der Hand: Konzentrieren sich Wertpapiervorgänge auf sehr viel weniger Spezialinstitute — weniger jedenfalls, als es heute an jedem Orte Kreditinstitute aller Art gibt, die *auch* Wertpapiere vertreiben —, so ist eine Rationalisierung der Vorgänge verbunden mit einem hohen Service als Basis des Wettbewerbs möglich. Diese grundlegende Änderung im Wertpapiergeschäft hätte möglicherweise auch den Erfolg, daß sich die merkwürdige Übung unserer Verwaltungen, die Gewinne — soweit vorhanden — zu verstecken, ändern und unter dem Druck des Wettbewerbs zum stolzen Hinweis auf die eigene Leistung oder den dann ebenso offenen Ausweis des Mißerfolges führen könnte.

b) Darüber hinaus hätte diese grundlegende Änderung wahrscheinlich auch den sehr wichtigen Nebeneffekt, daß neue Unternehmen für die Rechtsform der Aktiengesellschaft und die Börse gewonnen und so die Basis der Eigentumsstreuung verbreitert werden könnte. Unternehmer, die heute die erhoffte Größe oder

Marktposition nicht aus eigener Kraft erreichen, verkaufen eher und fördern damit die Konzentration, als daß sie viele Anleger als Partner zu gewinnen versuchen. Die Börsen trocknen aus, weil — ganz im Gegensatz zum unternehmerischen Verhalten etwa in den USA — kaum neue Gesellschaften diesen Weg der Finanzierung suchen[88]. Sicher spielt hier die andere Tradition unternehmerischen Verhaltens in Europa und in der Bundesrepublik eine bedeutende Rolle. Es fehlt aber vielleicht auch an Rat und Anregung stark motivierter Institute des Kapitalmarkts, deren Interessen und deren Kenntnisse eben diesen Markt betreffen, nicht aber den Verkauf von Unternehmen an bedeutende Kunden[89].

V

Schlußbemerkungen

Es ging mir bei diesen Überlegungen um die Bestimmung der Aufgaben des Aktionärs in einer auf den Ausgleich sozialer Spannungen ausgerichteten Marktwirtschaft. Es ging mir aber auch um den Versuch, vom klassischen Bild des Aktionärs als einem reinen Kapitallieferanten ebenso wie vom verzerrten Bild des Aktionärs als einem Spekulanten wegzuführen; wäre seine Aufgabe nur die eines Kapitallieferanten, so wäre zugleich jedes andere System zweckmäßiger als das des Aktiengesetzes von 1965. Tatsächlich aber hat der Aktionär darüber hinaus — Kapitallieferant muß er bleiben und die Erlaubnis zur Spekulation ist ein Mittel, sein Interesse zu wecken — zentrale Aufgaben im System einer dezentralisierten und sich selbst regulierenden und organisierenden Marktwirtschaft. Er hat insbesondere die offene und durchaus auch politische Debatte um Aufgabe und Ziel des einzelnen Unternehmens in dieser Ordnung und im Hinblick auf Art. 14 GG zu gewährleisten. Er hat in seiner Person weiterhin den Gedanken der Vermögensstreuung sicherzustellen und gleichzeitig zu gewährleisten, daß nicht

---

[88] Zu dem „kümmerlichen Finanzierungsbeitrag" der Aktie am gesamten Investitionsvolumen in der Bundesrepublik und den Gründen hierfür sehr pointiert *Thomée* auf der Tagung des Arbeitskreises zur Förderung der Aktie, Düsseldorf, November 1972; vgl. Handelsblatt vom 27. 11. 1972.
[89] Vgl. *H. O. Lenel*, Ursachen der Konzentration, 2. Aufl. 1968, S. 129 ff.

gerade dieser Gedanke nur als Maßnahme globaler Fürsorge im Sinne der heute geforderten Gewinnabgabe mißverstanden wird. Deshalb auch müssen sich seine Befugnisse signifikant von denen in einem Fürsorgeverband unterscheiden: Deshalb die Forderung nach Aktionärsgemeinschaften, deshalb eine Vertreterversammlung mit wirklichen Aufgaben und Möglichkeiten statt reiner Frustration, deswegen die Öffnung des Aufsichtsrats auch für den kleinen Publikumsaktionär.

Sieht man es so, so kann der Aktionär in einer sozialen und dennoch auf Selbstbestimmung und Delegation beruhenden Marktwirtschaft statt erbitternd durchaus stabilisierend wirken. Statt zur Systemüberwindung zu reizen, kann er mithelfen, das System einer auf Teilhabe möglichst aller Bürger angelegten Wirtschaftsordnung zu verwirklichen.